這樣和孩子溝通最有效

原書名：好父母就是會溝通

王夢萍◎著

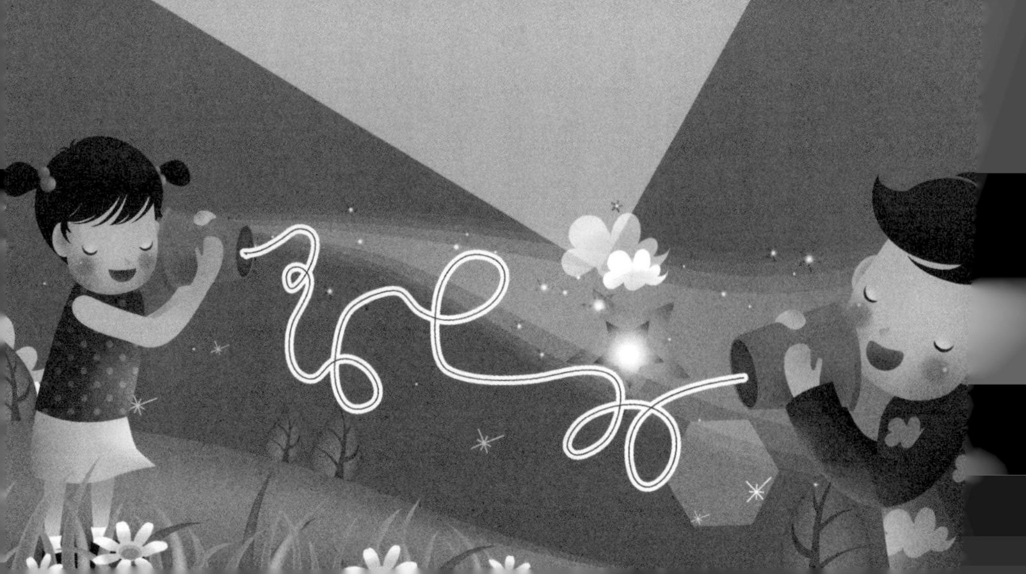

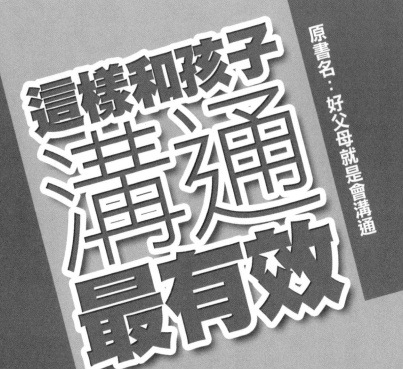

前言

爲了孩子的未來更美好，爲了親子之間的關係更融洽，做父母的更應該如何與孩子進行有效溝通呢？

天底下沒有哪位父母想去傷害自己的孩子，沒有一位父母早晨一睜開眼睛就對自己說：「我要去傷害我的孩子，我要讓他丟臉、出醜，要讓他恨我……」

可在現實生活中，父母跟孩子之間的衝突總是不斷，父母希望孩子活潑快樂，可有些孩子卻變得畏縮、不體諒他人；父母希望孩子能夠安心，能夠尊重別人，可有些孩子卻漸漸養成了不良品性，缺乏安全感，咄咄逼人，缺乏對自己和他人的尊重；父母希望孩子有禮貌，結果孩子卻很粗魯；父母希望孩子整潔，孩子卻邋里邋遢；父母希望孩子能夠承擔責任，結果孩子卻怯懦、毫無勇氣……這是爲什麼呢？

溝通是造成所有差異的根本原因！

美國著名兒童心理學家海姆．吉諾特發現，之所以有一些孩子能夠跟父母和睦相處，而另一些卻總是跟父母「背道而馳」，一個最根本的區別就在於父母跟孩子溝通的

方式。

聽聽孩子的心裏話，創造和諧的家庭氣氛；坦誠地與孩子進行雙向溝通，善於傾聽，讓他們能夠講出心裏的喜悅、困惑、恐懼、失望、壓力；鼓勵他們說出自己的想法，甚至包括對父母的不滿；對他們多一些寬容和理解，原諒並正確對待他們的過錯，理解他們的所想所爲；不能一味地對他們說「不」，適當地滿足孩子的要求；給孩子面子，尊重孩子……這些都是親子溝通的任務。

父母是孩子的第一任老師，有責任用美好的、健康的、正確的思想，引導和培養孩子具備優秀品德和智慧。要完成這一重大任務，就要懂得如何與孩子進行溝通。

本書寫出了天下孩子的心聲，道出了父母與孩子進行有效溝通的原則及方法，協助天下父母明白如何做最好、最出色、最成功的監護人，做孩子的大朋友！

目錄

第三章 善於傾聽，做最好的父母

第一章

坦誠開放，雙向溝通

對待孩子，父母應該真誠地做出反應，而不是敷衍了事；必須真實地表達自己的感受，而非只有訓導。

天下父母，想想我們是怎樣對孩子說話的，是否態度居高臨下？生氣時是否對孩子大喊大叫？除此，「身體語言」不可忽視。美國人類學家發現，在所有的影響力中，語言占七％，音調占二三％，表情及肢體動作各占三五％，可見其在溝通上的重要作用。

1・一定要向孩子兌現你的諾言

對孩子來說，遵守諾言是愛和關懷他們的高度表現。在孩子眼中，不遵守諾言就是說謊，就是不愛他們。很多父母對孩子做保證，事後卻做不到。不講信譽的家長是很難有權威的，同時也會失去親子之間的信任。

父母許諾孩子某些條件，事後卻沒有兌現。孩子的希望落空之後，就會發現父母欺騙自己。孩子的模仿能力是非常強的，很容易受到某種行爲的暗示，倘若父母言行不一，不履行承諾，孩子就會受到暗示，跟著模仿。例如，父母如果答應孩子星期天帶他到公園去玩，就一定要去。如果臨時有事，也要先考慮事情是否重要，如果不重要，就要堅守諾言；如果事情確實比較重要，那麼，一定要向孩子說明情況，取得孩子的理解，並應該儘量避免這種推遲或失約的事情發生。每一位父母都要對孩子愼許諾言，許諾之前要考慮清楚：許下了能否兌現？值不值得許這個諾言？如果當時沒有考慮清楚貿然許下了，只要不是太離譜，該兌現的時候就得兌現，這樣才能取信於孩子，建立起彼此之間的信任。

查爾斯·詹姆斯·福克斯是英國著名的政治家，他以「言而有信」獲得政界高度讚譽。

福克斯還是孩子的時候，有一次他父親打算把花園裏的小亭子拆掉，另行建造一座大一點的亭子。小福克斯對拆亭子這件事情非常的好奇，要求父親拆亭子的時候一定要叫他，讓他看看工人們是如何拆掉的。小福克斯剛巧要離家幾天，他再三央求父親等他回來之後再拆亭子，福克斯父親敷衍地說了一句：「好吧！等你回來再拆亭子。」

過幾天，小福克斯回家，發現舊亭子早已被拆掉了，他很難過，小聲地對父親說：「你說話不算數！」父親大惑不解，說：「不算數？什麼不算數？」原來父親早已把自己幾天前說過的話忘得一乾二淨了。老福克斯前思後想，最後決定向兒子認錯。他認眞對小福克斯說：「爸爸錯了！我應該對自己說過的話負責！」

然後，老福克斯再次找來工人，讓工人們在舊亭子的位置上，重新蓋起一座與舊亭子一模一樣的亭子，然後當著小福克斯的面，把「舊亭子」拆掉，讓小福克斯看看工人們是如何將亭子拆掉的。

後來，老福克斯總是說：「言而有信，對自己的話負責，這一點比萬貫家財來得更爲珍貴！」

父母對自己的言行是否負責，會直接影響到孩子的人品和性格。要想讓孩子信守諾言，父母必須對自己的言行負責，爲孩子做出遵守諾言的榜樣。不管做出什麼許諾，都要盡可能去實現，如果不能實現，一定要向孩子說明。告誡孩子不要輕許諾言，一旦許諾，就必須遵守。

父母是孩子的第一任老師，父母可以教孩子信守每一句諾言，也可以教孩子做一個自私的人；可以教孩子做一個善良無私的人，也可以教孩子做一個誠實的人。父母可以在孩子的心裏播下暴力的種子，也可以在他心裏撒上愛的種子。一個人一生中最早受到的教育來自家庭，來自父母對孩子的早期教育，孩子的未來完全取決於父母。

所以，每個父母都要爲孩子做出榜樣，一旦許諾就一定要兌現。

2．全身心投入，真誠溝通

親子溝通向來都是社會非常關注的話題。隨著社會經濟突飛猛進的發展，家長們忙於生計，往往忽略了孩子的成長與溝通問題；而由於親子溝通的不恰當，常常導致孩子離家出走或沈迷網路世界，甚至想不開而有自殺的念頭。面對這些駭人聽聞的事例，不得不讓家長們有所警惕。

不少父母對孩子都只有形式上的問候和物質上的滿足，根本談不上溝通。

根據調查，父母與孩子能像朋友一樣溝通的占三一％，但父母不與孩子溝通的占三七％，而約有六十九％的學生感到無法與父母交流溝通；與母親溝通的比較多，與朋友溝通的又比與父母溝通的更多，但也有不少是在虛擬世界中與網路人物「溝通」。而造成這一現象的主要原因，是因爲大多數孩子認爲父親太嚴肅了，總是一臉正經的說教，彼此之間沒有一點平等可言。

當然，有的家長認爲，十來歲的孩子什麼都不懂，小毛孩一個，我是大人，是父母，怎麼可能平等呢？我教他就得聽，我要求他就必須做。孩子需要尊重，但是在大人

面前如果得不到平等對話的機會，被動地接受父母的管束，有意見不敢提，有話不能說，久而久之也就不敢也不願與父母交流。家長倘若能與孩子平等、眞誠地交流，結果肯定會完全不同。

國二下學期的時候，成績一直處於班級中上的小剛迷上了網路遊戲，成績一落千丈。「我打也打了，罵也罵了，可兒子對我的話無動於衷。」小剛的媽媽用「心灰意冷」來形容自己當時的心情。

「妳瞭解過孩子的內心嗎？他是否因爲感受不到學習的樂趣而迷戀上網？」她找心理諮詢的時候，老師問她。小剛媽媽這才驚覺，自己只是一個勁地督促兒子用功，卻很少留意兒子的感受。

「兒子，上課累不累？」一天放學後，她關切地問兒子。兒子詫異地掃了媽媽一眼，應了句：「累死了，眞是不想唸書了。」「媽媽在工作上也有很多煩心事呢，你幫我拿主意好嗎？」小剛媽媽像面對知己一樣，把自己工作上的煩惱向兒子說了出來。

想不到，自己眼中還是孩子的兒子，分析起問題來頭頭是道，眞是讓自己既驚奇又感歎。小剛媽媽第一次由衷地稱讚了兒子一句：「你比媽媽強多了！」沒想到，不經意的一聲讚揚就此打開了兒子的話匣子，兒子將內心的鬱悶傾訴了出來。

小剛媽媽想，只有家長的鼓勵仍然不夠，兒子同樣渴望老師的激勵。於是她偷偷塞給班導師幾本筆記本，只要孩子取得進步就獎勵給他。一段時間之後，受到雙重鼓勵的小剛重新燃起了學習的欲望，學習成績突飛猛進。

還有這樣一個例子。一個家長說：我和孩子的交流一直以來可以說是暢通無阻的，但是到了國二的第二學期卻「堵塞」了，大概就是人們所說的青春期叛逆吧。一向活潑好問的他變得沈默寡語，而且經常坐立不安。我問他，得到的回答卻只有「知道」或者「不知道」，母子之間出現了短暫的僵持狀態。我知道這就是孩子長大的標誌，身爲家長，如何在這個時候引導你的孩子度過這一關鍵時期呢？我最大的感受就是——溝通。與孩子溝通，與教育孩子有經驗的人溝通，與老師溝通，與過來人溝通，與孩子同齡的父母溝通。

每次和他談話都是不歡而散，讓我非常的煩惱，僵持的時間大概持續了將近兩個月。在這兩個月中，我也反思自己的所說所爲，以及自己的觀點是否能夠讓孩子認同，並且在這期間，我和老師一直保持聯繫，以便及時瞭解孩子在學校的動態以及學習情況。等孩子回家之後，透過各種方式和不同的時間，如看電視、吃飯、閒聊時，適時進行溝通和交流。對孩子感興趣的話題互相探討，對孩子敏感的話題旁敲側擊，對孩子不

感興趣的一些話題循循善誘。慢慢和孩子之間有了共同語言，又「和好如初」了。

有很多家長都認爲自己非常瞭解孩子，而事實上並非如此。有時父母寧願花時間去和別人訴苦，訴說孩子怎麼的不聽話，也不願與孩子交流。即使跟孩子談話也總是以居高臨下的教訓口氣，或以哄人的、誘騙的口氣來贏得孩子的合作，但是，這時的孩子即便順從也不是發自內心的。要想眞正瞭解你的孩子，眞正走進孩子的心裏，需要你平等、眞誠地和孩子交流和溝通，要講究方式方法。要做一個有心的父母、合格的父母，就要隨時觀察孩子的變化，瞭解孩子每個時期的思想轉變，得到孩子對你的信任。

成長期的孩子幾乎天天都在變化，身爲父母，要想眞正瞭解你的孩子，就必須同孩子交朋友，平等地交流，眞誠地溝通。只有這樣，才能強化親子之間的信任和親密感，對孩子的教育起最好的效果。

3．百分之百地接受孩子

有的父母總希望自己的孩子什麼都比別人的孩子強，對孩子表現的優點則總是視若無睹，對孩子的缺點卻是絕不輕饒。比如，當孩子回答問題的時候，孩子答對認爲理所當然，答錯則大加責怪。

只要我們換個角度想想，十根手指伸出來，還有長有短，父母又怎能拿別人孩子的優點與自己孩子的缺點相比呢？只要不是大原則的問題，說不定今天你孩子的缺點正是明天的優點，別人孩子今天的優點或許會成爲明天的缺點。孩子的人生之路還很長，每個孩子懂事的時間不同，精力有限，特點也各有不同，作爲家長最好是「順著孩子小手指的方向」讓其發展（當然不是壞的方面）。

父母對於孩子的好行爲要給予表揚和肯定，這樣做會讓孩子樂意重覆這種良好的行爲。例如孩子有偏食的毛病，父母特別著急，希望孩子改掉壞毛病，於是逢人就說：「這孩子只吃肉，蔬菜就連嘗也不嘗一口，這可怎麼辦呢？」其實，當著孩子的面去數落他的缺點，只會讓孩子更加執著他的缺點，出現越管越糟的現象，不利於孩子的健康

成長。

常常聽到一些父母無奈的抱怨孩子叛逆心強，不肯聽父母的話，就連話都懶得對父母說。這些父母或許沒有想過，自己連孩子心裏想啥都不去瞭解，又怎麼和孩子交朋友呢？

很多父母都對孩子抱有「求全」的心理，不能容忍孩子犯錯，孩子一旦出錯就嚴厲指責。他們是出於好意，卻忽視了這樣做孩子會不會接受，是不是起正面作用，結果由於教育孩子的方法及言語不當，引起孩子反感，時間久了，孩子更加自我封閉、冷漠、消極抵抗，更不要提不屑於與父母講話了。

形成孩子特點的因素是非常複雜的，每個孩子的先天遺傳基因不同，後天的家庭經濟狀況、教育環境、社會關係、生存空間等各方面因素，都會反映到孩子身上，印上深深的烙痕。所以說，每個孩子都各有所長，各有所短。但是很多家長忽視了這個事實，總認爲別的孩子能，自己的孩子也一定能。家長總用同一個標準去要求孩子，去爲難孩子，給他們施加壓力，這樣做的結果，常常是自討苦吃，毀了孩子的自信心。

那些自信心差的孩子往往都出自於事事求全的父母。這些父母對孩子往往過分指責或挑剔，孩子從父母那裏得不到讚揚和肯定，久而久之，孩子也就變得膽小怕事，因爲怕被否定，所以自己不願動腦筋去想問題，不敢發揮自己的想象力，從而制約了孩子的成長。家長應該承認，孩子也是有優點的，不要只盯著他們的不足，家長要善於發現孩子身上的優點，包容孩子的不足。

同時，家長也要學會接受孩子的一切，舉例來說，孩子做作業錯了幾道題，家長不是注意到孩子在二十道題中已經做對了十五道，而是緊緊盯住做錯的五道題。如果家長想幫助孩子進步，但又總是著眼於他們的缺點，那只會讓孩子失去自信心。

試想一下，如果有人總是在提醒你記住自己的缺點，你會怎樣？你會有自信心嗎？只有當人們認識到自己的優點，並相信自己有能力改進的時候，才可能改善自己的行爲。因此，父母對孩子出現的錯誤要有充分的心理準備，出錯是每一個正常孩子都會有的事情，首先要肯定孩子好的一面，然後再幫助孩子改進不足的一面，讓孩子感覺到錯誤是應該改正的，錯誤是能夠改正的。

其實，孩子在成長的過程中需要的不僅僅是物質的滿足，還需要關懷、愛撫、尊重和體貼。處在成長過程中的孩子，必然會犯各種大大小小的錯誤，需要父母以一顆寬大包容的心去理解和接納。父母要學會欣賞孩子的優點，包容孩子的缺憾。一個優秀的人在自己漫長的一生中尚且要不停地與自身的缺點博鬥，更何況一個小孩子呢！孩子都是

好孩子，可惜有些父母不知道孩子的需求，不瞭解孩子的心理，只知道一味地指責孩子，孩子當然不會對你講心理話了。父母要學會接受孩子的一切，這是與孩子溝通交流的重要基礎。

父母總是希望孩子完美無缺，世間尚且沒有十全十美的成人，以此標準來要求成長中的孩子簡直就是天方夜譚。有家長說：「孩子一天當中只有極少的時間能讓人覺得愉快，大部分時間讓人煩得要死！」其實，問題的關鍵不在孩子身上，而是在於父母。我們常常可以發現家長期望孩子懂禮貌，尊重別人，他們自己卻總是大聲訓斥孩子，粗暴地對待孩子；他們期望孩子自立、自信，卻總是幫孩子做這做那，使孩子覺得自卑、無能，沒有機會去挑戰困難、完成任務。所以父母在孩子失敗或遇到挫折的時候，必須變訓斥為鼓勵，變嘲笑為指導。

孩子身上所謂的優點和缺點並非絕對，表面是缺點，實質卻包含著優點的潛能，一切事物都在轉化之中。在一定的條件下，一個孩子的缺點一定會轉變成為優點，無論在什麼情況下，父母都要愛他、支援他，做他們的朋友，不管他說了什麼或是做了什麼，也許父母並不接納他的行為，但依然要關愛他、包容並接受他的一切，這樣才能當好稱職的父母，與孩子之間有更多的溝通交流機會。

4．拜孩子為師

一位家長分享與兒子之間融洽的相處之道時，這樣說：「兒子從小就非常的好奇，凡事總喜歡追問到底，而且大部分問題都不容易回答，我總是故作博學地給兒子講解一番應付過去。如今，兒子已上小學四年級，我那淺薄的應答動輒就被兒子識破，還常爲兒子的答案感到驚訝。兒子的日漸長大已動搖我的權威，我不得不拜兒爲師了。

我小時候注重的只是學習成績，對於琴棋書畫無一精通，而兒子正好彌補了我這方面的缺陷，尤其對下棋更是情有獨鍾，象棋、五子棋、軍棋、跳棋他都喜歡。對下棋我是門外漢，兒子就自告奮勇說要當我的老師，沒事的時候讓我背誦象棋術語，『馬走日，象走田，車走直路炮翻山』。

每當我和兒子對棋而坐的時候，兒子總是一副得意洋洋的樣子，一會兒就把我殺得人仰馬翻。有時候，兒子爲了照顧我的情緒，也故意讓我盡興贏幾次，就這樣打了幾十個回合後，我竟然也能出入棋場與人一決勝負了，兒子眞是功不可沒。」

拜孩子爲師？也許有許多人會說：「歷來都是大人教育孩子，哪聽說過孩子教育大

人的？一個小孩子有什麼可學的？」其實，如果你能放下做父母的架子，就會發現孩子可能比你強。我們已經進入資訊時代，我們的孩子比我們更快、更好地掌握了新媒體技巧，如電腦及網路。

一九九七年四月，在「明日青少年與媒介」的巴黎國際論壇上，來自幾十個國家的學者形成了共識：我們正被青少年甩在後面，我們受感到挑戰，對自己的無知和無能感到恐懼。甚至連教授電腦的教師都感受到這一點，他們發現，很多學生在老師的指導入門之後，很快就超越老師，最後變成師生相互學習。美國麻省理工學院媒體實驗室的研究人員爲此提出「以孩子爲師」，並倡議改變以往的教育觀念。

很多父母都從切身的經驗中得到啓示，明白不能不拜孩子爲師了。因爲他們不僅成績優秀，還有適應市場經濟和豐富生活等多種能力。譬如，對時尚流行瞭如指掌，對家用電器樣樣精通。不少大人搞不懂電器的門道，要看錄影、VCD等，各種按鍵弄得眼花撩亂也搞不清楚，常常靠孩子幫忙。

不僅如此，孩子身上還蘊藏著天眞的好奇心，常常可以提醒我們自己的感覺正在變得遲鈍、麻木，孩子的天眞和自然常常可以純潔我們的心靈，使我們的生活充滿樂趣。向孩子學習絕不意味著成人的幼稚，恰恰相反，它標誌著成人的眞正成熟與睿智。

稍微留心一些便會發現，我們的孩子不僅僅受到成人的影響，他們同時也在影響甚至改變著成人。二十一世紀教育觀念最重大的改變就是：向孩子學習，兩代人共同成長。

拜孩子爲師，有很多的好處。

一、**能使孩子變得自信**。能夠做父母的老師，讓父母聽自己的，對於孩子來說是多麼神氣的事情，孩子自然會從心裏發出「我能」的正向訊息。

二、**能讓大人變得更年輕**。好像回到自己年輕時代，啓動自己學習新知識的興趣。

三、**能增進親子之間的感情**。父母拜孩子爲師，自然會放下架子，與孩子平等相處；孩子受到大人的尊重，反過來就會更尊重大人，同時也會萌生當老師的自豪感，使他們更努力學習新知識，並增強能力。這樣，家庭氣氛也會變得更加和諧。

5．真誠對待孩子的求知欲

好奇心是孩子的特點之一，特別在兒童階段，對周圍的事物感到非常的新鮮有趣，上至日月星辰、雲電風雨，下至河流山川、海洋生物，他們什麼都想知道，並且認爲大人什麼都知道，有事沒事就纏著父母提出些稀奇古怪或大人看來根本就不值一提的問題，還「打破沙鍋問到底」，有時甚至使大人答不出而非常窘迫。但是家長仍要心平氣和地對待孩子的問題，不要草草敷衍孩子；不要在面對孩子的問題時說：「你沒看見我正忙嗎？」「你怎樣問這樣傻的問題」「你哪來的那麼多問題呀？」以免傷害孩子的好奇心，更不要敷衍欺騙。對於我們回答不了的問題，父母可能會覺得丟面子，於是就胡編濫造答案加以應付。這不僅會影響孩子對事物的正確認知，也會降低家長自身的威信。

幼兒的提問正是兒童豐富的想像力和求知欲的體現，切莫等閒視之，不要批評他們提出一些連大人也說不清道不明的問題。如果父母能滿足孩子的這一欲望，真誠對待孩子的問題，也是幫助孩子增長知識的一種良機。

大文豪魯迅先生在這方面就不惜花費時間，回答兒子提出的各種疑問，滿足其求知欲望。一次，魯迅的兒子海嬰冷不防問：「爸爸，你是誰養出來的？」「是我的爸爸、媽媽養出來的。」魯迅回答。

「你的爸爸、媽媽是誰養出來的？」「爸爸、媽媽的爸爸、媽媽養出來的。」「爸爸、媽媽的爸爸、媽媽，一直往前，最早的時候，人是哪裡來的？」魯迅告訴兒子：「是從單細胞來的。」但海嬰還要問：「沒有單細胞的時候，所有的東西都從什麼地方來的？」為了不讓孩子失望，魯迅還是耐心地告訴他：「等你大一點讀書了，老師會告訴你的。」

小孩子海闊天空、漫無邊際地向大人提出一些讓人無法解釋的問題，說明他們愛動腦筋，善於觀察，父母就應該抓住這一瞬間，傳授他們年齡能夠理解的一些知識，對孩子一時還無法接受和理解的問題，就應該像魯迅先生那樣告訴孩子，將來「老師會告訴你的」。

孩子一天天地長大，也需要一步步去領會知識，滿足孩子的求知欲望，才能使他們日有所知。「隨風潛入夜，潤物細無聲」，堅持傳授，天長日久之後，就能達到「曉看紅濕處，花重錦官城」的效果。

孩子到了五、六歲，求知欲就更強了，這個時候家長們一定要滿足孩子的求知欲，因爲這樣可以促進孩子智力的發展，讓你的孩子越來越聰明。怎樣滿足孩子的求知欲呢？家長可以從以下四個方面入手。

1、**支持孩子提問**。每當孩子提出問題的時候，不管對錯，家長都應該表示讚賞，孩子從中得到了滿足，以後他們還會提出更多的問題。如果家長表示不耐煩，就會泯滅孩子求知的欲望。

2、**創造良好的環境**。給孩子提供一個充滿豐富知識的環境，提供他大量的感性材料，如放大鏡、望遠鏡、地球儀等等，激發孩子的求知欲。除了給孩子準備大量的物質材料之外，還應該給孩子創造良好的精神環境。家庭成員之間民主平等、互敬互愛，自古以來，父母都是孩子的一面鏡子，孩子對於父母的一舉一動、一言一行都會有意無意地去模仿。因此家長要培養孩子的求知欲，自己必須先做出樣子。父母本身應有求知欲，熱愛知識，經常用知識來充實自己，孩子在這樣的環境中生活，會得到很大的精神滿足，這是教育孩子的一條捷徑。

3、**鼓勵孩子的求知欲**。孩子發現一種新的現象，或提出一個問題的時候，家長不能漠不關心，應該表現出極大的熱情，並讓孩子感受到家長也和他們一樣十分驚訝、十

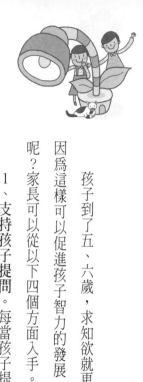

分興奮，這樣孩子會感到很自豪，更積極地探索周圍的世界。

4、**參與孩子的遊戲**。孩子喜歡遊戲，在遊戲中，他們會將自己已有的知識派上用處，他們喜歡扮演父母的角色，並將父母的生活與工作情況模擬表演出來，透過遊戲就滿足了他們充當父母的欲望。在遊戲中他們還會發現新的知識，進一步激發求知欲。

孩子幼時這種好奇好問的天性，就是一種渴求知識的「幼芽」，且這株幼芽是十分嬌嫩和脆弱的。如果家長能耐心教育、精心保護，爲之「除草滅蟲」、「施肥澆水」，就會呈現出勃勃的生機；如果保護不當，就會使之遭到摧殘，甚至被扼殺。

父母要善於保護孩子的好奇心和求知欲，讓孩子眞切地感到你對他們的提問永遠保持讚賞、鼓勵和重視，盡最大的努力滿足他們的求知欲。同時要給予孩子適宜的幫助、引導和支援，讓孩子感受到探索的樂趣，獲得成功的體驗。

6．真心讚美你的孩子

一個人的成功，離不開別人的鼓勵和讚美。每個人都需要讚美，就如同萬物生長需要陽光的溫暖一樣。特別是孩子，沒有鼓勵和讚美，孩子就會在精神上有失落感。適時適度的給予孩子讚美和鼓勵，能使孩子獲得希望和力量。

在孩子出生兩、三個星期的時候，他們就會集中注視母親的臉龐，尋找那份贊許他們的特別神情。心理學家博尼絲伯克博士指出：「充滿積極笑容、似乎在說『我眞幸運有你做我的孩子』的神情，能建立一個嬰兒的自我價值感。」

充滿善意的聲調和觸摸，能幫助嬰兒感到被愛和被接納。反而言之，嬰兒若不斷感到不被贊許，他們靈性上的天線被調到這種頻道的時候，不安的心態就會開始在他們心裏生根成長。行爲主義的領導解說者B．F．史齊納說：「在改進行爲上，讚美是最有效的工具，它不但激勵我們有更良好的表現，並且鼓勵我們去做大膽創新的事，以擴展我們的生命。」無論在生命中的任何階段，接受或給予讚美都可以改變我們和那些在我們四周的生命。對於一個孩子而言，這種轉變可能是非常驚人的。

幼教老師蒙娜說：「我教四歲大的孩子，常常讚美他們。後來有一天，班上來了一個非常霸道、愛欺負弱小的男孩。我所採取的作法就是，故意忽視他霸道的行為，而當他做好的時候，我則會讚美他。其結果非常令人驚奇，只用了四天時間，他就停止了壞行為。他只想要被別人以對待孩子的方式來對待他。」

羅貝琴博士說：「當那些父母親告訴我他們孩子行為上的問題時，我會問他們是否經常讚美自己，和彼此讚美。他們通常都會非常驚訝地發現，他們很少這麼做。所以我們就從這一步開始——增加讚美的次數。」

父母讚美孩子的時候，要當心不要加上附帶條件之類的評語，諸如：「你表現得不錯，但是看看小強的表現好多了。」「你做得很好，但是……」「你這次成績全是甲等，真是好棒，要是你每次的成績都是這樣就好了！」「這些甲等真不錯，但怎麼會有這個乙呢？」這樣只會使你的孩子掃興失望。

讚美孩子一定要是真心誠意的。你可以用各種可能用的讚美方法，任何實際說出來或不使用言語的表現方式。諸如對他們眨眼、微笑、點頭，或說一句「好棒！」「哇！」「你做到了」，這樣做都可以產生非常好的效果。只是當你這樣做的時候，你必須是發自真心的。倘若你的孩子能感覺到你真的在乎他們的感受，你的讚美會具有很

大的力量。

安．奧斯坦博士說：「你能給你孩子的最佳禮物，就是體會他們的個別感受。你要先設法瞭解情況，去感覺孩子在當時需要怎樣被稱讚。」

當孩子兩歲之後，他會擴張學習的領域，開始瞭解如「太棒了」、「很好」、「我以你爲傲」之類的字眼。但是無論孩子在任何年齡階段，是嬰兒、兩歲大或是十六歲大也好，你都需要極大的洞察力，才能知道你孩子心裏想要從你那裏聽到的是哪種稱讚。多花費一些時間和你的孩子在一起，可以幫助你認識他所發出的信號。如果你不注意觀察，你就看不見他對自己、對他的世界和對他的能力做何態度。

讚美孩子的時候，要有明確的指向。千篇一律而空泛的贊許一個孩子，諸如對他說「你做得很好」、「你真行」等等，會導致他不知道自己到底好在哪裡。伯克博士說：「我曾經在學校裏看過像這樣的孩子，他們缺乏魄力，不想參與任何工作或遊戲，只是消極地坐在那裏，等著別人對他們大加贊許。」

安是兩個青少年的母親，她是這樣說的：「以前，我所做的每一件事，不管它們是否值得注意，我的父親都會讚美我。我知道他是在盡力給予我精神上的支援，但這樣做使我從未想要去努力，也從未訂立過任何想要完成的目標。我設法對自己的孩子誠實

點，當我注意到一些眞的値得讚美的事情，我才會大大讚美他們。」

的確是這樣，讚美應該和某種行爲相關。對孩子說：「我眞以你爲榮，你把東西那麼整齊地放回去。」或是說：「你這幅畫畫得眞好。」這樣說能夠讓你的孩子清楚瞭解你讚美他的原因。父母不但必須以明確的方式去表達讚美，還應該立即去做。當孩子學會繫鞋帶的時候，媽媽不要等爸爸回家，才稱讚孩子自己會繫鞋帶了。事後讚美的效果會大打折扣，特別是對年幼的孩子來說，更是如此。

心理學家告訴我們：「撫育孩子沒有其他竅門，只要讚美他們。當他們畫了一幅畫之後，讚美他們；當他們把飯吃完的時候，讚美他們；當他們學會騎自行車的時候，也讚美他們、鼓勵他們。」《賞識你的孩子》中戰勝耳聾成爲大學生的劉婷婷、「哈佛女孩」劉亦婷等成功的例子，無不證明鼓勵和讚美可以培養優秀的孩子。西方的家長從不吝嗇對孩子說「你眞棒」、「你很了不起」等讚美的話語，其目的就是要使孩子獲得成就感，增強他們的自信心。

讚美和鼓勵是正面教育原則的體現。卡耐基成功教育的秘訣就在於樂於讚賞人、善於鼓勵人，營造積極、樂觀的人生氛圍。人性中最深切的稟質，是被賞識的渴望，鼓勵和讚美是力量，是生機，是希望，所以父母要積極、大膽地讚美你的孩子。

7．平等看待，尊重孩子

父母應該是子女最親近的人，可事實上，越來越多孩子不信任父母，有話不願說給父母聽，甚至不願意回家……這一方面說明孩子由於身心發育不斷成熟，獨立意識、自我意識開始增強，試圖擺脫大人的約束和管教；另一方面，可以說是不成熟的家庭教育和傳統的家長專制作風造成的。誰都喜歡體貼、關心、愛護子女、和藹可親、理解子女的父母，最反感的是修養差、嚴厲粗暴、不通情達理的父母。

兩代人間的代溝就像一堵牆，阻擋心靈的交流。而父母爲什麼不主動推倒那堵牆呢？人與人之間的溝通，是建立在相互平等、相互理解、相互交流的基礎上，父母與子女之間更是如此。

前蘇聯著名教育家馬卡連柯曾經說過：「要儘量地要求一個人，也要盡可能地尊重一個人」。所以身爲父母，要尊重孩子的尊嚴和人格，也要傾聽孩子的話，與孩子交心、談心。

孩子雖然是父母所生所養，但並不是父母的私有財產，更不是父母的玩具和寵物。

孩子也是人，一個獨立的人，他們有自己的理想、愛好、興趣和追求。他們應該是我們的朋友和助手，更是我們人生旅途中的忠實夥伴。有了這種認識，你才可以淡化父母的角色意識，與孩子建立友善、平等、健康的關係，家庭生活中才會出現互相幫助、互相關心、互相信任的和睦親情。

8・父母應適時反省自己的行為

賴特十八歲那年的一個早上，父親要賴特開車送他到二十英里之外的一個地方。那時賴特剛學會開車，於是就非常高興地答應了父親的要求。

賴特開車把父親送到目的地，約定下午三點再來接他，然後就去看電影了。等到最後一部電影結束的時候，已經是下午五點了。賴特遲到了整整兩個小時！

當賴特把車開到預先約定的地點時，父親正坐在一個角落裏耐心地等待著。賴特心裏暗想，如果父親知道自己一直在看電影，一定會非常生氣。賴特先是向父親道歉，然後撒謊說，他本想早些過來，但是車子出了一些問題，需要修理，維修站的工人花了兩個小時的時間才把車修好。父親聽後看了他一眼，那是賴特永遠也忘不了的眼神。

「賴特，你認爲必須對我撒謊嗎？我感到很失望。」父親說。

「哦，你說什麼呀？我說的全是實話。」賴特爭辯道。

父親再次看了他一眼，「當你沒有按預約時間到達的時候，我就打電話給維修站，問車子是否出了問題，他們告訴我你沒有去所以，我知道車子根本沒有問題。」

一陣羞愧感頓時襲遍賴特全身，不得不承認自己去看電影的事實。父親專心聽著，悲傷掠過他的臉龐。

「我很生氣，不是生你的氣，而是生我自己的氣。我覺得身為一個父親我很失敗，因為你認為必須對我說謊，我養了一個甚至不能跟父親說眞話的兒子。我現在要步行回家，對我這些年來做錯的一些事情好好反省。」

賴特的道歉，以及他後來所有的話都沒有任何作用。父親開始沿著塵土飛揚的道路行走，賴特迅速跳到車上緊跟在父親後面，希望父親可以回心轉意停下來。賴特一路上都在懺悔，告訴父親他是多麼地抱歉和難過，但是父親根本不理睬，獨自一人默默地走著、思索著、沈默著，臉上寫滿了痛苦。

整整二十英里的路程，賴特一直跟著父親，時速大約每小時四英里。二十英里的路程裏，看著父親遭受情感和肉體上的雙重折磨，這是賴特生命中最令他難過和痛苦的經歷。然而，它同樣也是生命中最成功的一次教育。從此以後，賴特再也沒有對他的父親說謊。

「子不教，父之過」，很多父母都熟知這句話，但是恰恰有很多父母忽視了這句話。

年幼的孩子難免會有一些小毛病，對於孩子的不足，很多父母都是嚴加責備，但是有多少人眞正明白，其實，孩子身上的不少缺點都是源於父母的過失。當孩子做錯事時，爲了孩子的身心發展，每一位父母都應該時時反省一下自己的言行。教育孩子如同在岔路衆多的地方駕車，時常反省就像時常回頭看看是否走錯了路，這樣才能避免在錯誤的道路上走得過遠。

不知家長們是否認眞想過，很多孩子打人是家長教的。一些家長在對待孩子的教育問題上，方法粗暴，動輒打罵。孩子就像一張白紙，你教什麼，他就跟著學什麼。在打罵中長大的孩子，會認爲只有武力才能夠解決問題。所以，當他和小朋友發生爭執的時候，也會不自覺地舉起自己的小手，對別人使用武力。如果你對他的打人行爲實行體罰，情形可能會更糟，不僅會損傷孩子的自尊心，還會讓他們得出這樣一種結論——父母能夠這樣做，只因爲個子比他高，力氣比他大。所以，爲了孩子能夠快樂、平等地與人相處，請收起你高高揚起的巴掌，從自己身上找原因，與你的孩子眞誠的交流、溝通，以改善你們之間的關係吧！父母的自我反省會在教育孩子的時候發揮加分作用……

9・父母要適時地鼓勵孩子

所謂自信，就是相信自己的力量，相信自己的能力，相信自己的作用。自信是一個人前進的力量，是成功的起點，它影響人的一生。每個人都知道，孩子的自信心不是天生就有的，而是在後天的生活和學習的實踐中培養起來的。孩子缺乏自信心將是他一生最嚴重的失敗，父母是孩子的第一任老師，在孩子自信心的培養上是非常重要的。

一次帶六歲的孩子去玩，孩子對小山坡那道天然的「滑梯」非常感興趣，爬上滑下，樂此不疲，但是因爲那「滑梯」一直受到孩子們的青睞，坡面已光溜溜了，孩子每每爬到一半就會滑下來。與孩子一起爬的還有一個七歲的孩子，一個保姆樣的阿姨在下面爲他「護駕」，媽媽在坡上爲他照相，那孩子跟我的孩子一樣，每當爬到一半的時候就會失敗。

由於爬不上去，聰明的孩子們想出了種種方法，用助跑、用樹枝當拐杖，還叫站在上面的小朋友用小樹枝拉。但是由於方法不當，都以失敗告終。孩子們終於失望的哇哇哭了起來。我走到孩子身邊，蹲下來問孩子：「你爲什麼哭呀？」「我爬不上去。」孩

子哭著回答。「不！孩子，你可以的，你爬得上去！」

在我的鼓勵之下，孩子又重新拾起了勇氣，開始繼續爬。經過媽媽的一番指點，他終於有了第一次的成功，接下來就有第二次、第三次……那個孩子雖然也屢敗屢戰，但是仍然很堅強，沒有氣餒，嘗試向上爬。然而在旁邊護駕的阿姨與爲他拍照的媽媽卻沈不住氣了，一個勁兒地對孩子說：「孩子，你爬不上去的，算了吧，別爬了。」孩子在大人的「勸說」之下，最終放棄了登頂的機會，垂頭喪氣地去玩別的了。

仔細看這兩個孩子，那個孩子爲什麼沒有成功呢？究其原因是在大人，兒童的能力和閱歷是非常有限的，在許多事情上很容易面臨挫折與困難。父母要珍視孩子的努力，從內心深處去鼓勵他們。尤其是當孩子遇到困難與挫折的時候，更要給他們鼓勵，讓他們明白，做任何事情都不是一帆風順的，只要努力，就能夠戰勝困難，只有不斷戰勝困難的人，才能進步。千萬不要一味地去批評、否定孩子，這樣會使孩子懷疑自己的能力，產生「自我無能感」，缺乏自信心。

越是年齡小的孩子，越依賴他人，特別是父母的評價。他們往往將成人的評價當做認識自己的重要依據。假如一個孩子經常受到父母鼓勵和表揚，他會感到自己有足夠的能力，不斷增強挑戰生活的自信心；相反的，假如一個孩子經常受到父母否定，長此以往，會使他們覺得自己的能力有問題，看不到自己的力量，形成消極的自我評價，產生自卑心理，認爲自己做什麼都不行，什麼都不如人。

所以父母一定要高度重視自己對孩子的評價。有時一句賞識的、鼓勵的話可以幫助孩子塑造一個成功的人生，一句挖苦的、貶責的話則可能毀掉孩子的一生。當孩子在困難前猶豫的時候，千萬不要輕易去否定你的孩子，認爲你的孩子是不行的。你不妨伸出你的援助之手，對孩子說一聲：「你行，你一定能！」積極的心理暗示會逐漸轉化爲孩子的自我暗示：「我行，我能！」這樣，自信才會伴隨你的孩子快樂成長，成功才會伴隨孩子的左右。

10．適時擁抱你的孩子

現在有越來越多家長認識到家庭教育的重要性和迫切性，把孩子的教育看成是家中的頭等大事，在孩子身上花費的心力、物力都非常大。不錯，父母是孩子啓蒙的第一任老師，同時也是孩子的終身教育者，家庭教育對培養孩子良好的行爲習慣、品德和學習態度都起至關重要的作用。

而我們的家庭教育中最缺乏的是擁抱。小孩從呱呱墜地開始，便在母親的懷抱中，吸吮著母親的乳汁一天天成長。專家認爲，人在哺乳期的時候，是最幸福的。隨著年齡漸長，特別到了十二至十四歲年齡，父母對小孩的這種直接擁抱相對減少，但是這並不代表孩子不需要擁抱，相反的，他們更需要心靈的擁抱、情感的溝通。

有一個國一的學生，聰明上進，勤奮好學，成績始終都保持在年級前十名左右。有一次考試成績退步近二十名，他母親就用責備的語氣問他，爲什麼退步這麼多，又批評他應該跟成績比他好的同學比，不應該跟成績不如他的同學比較，說他沒有鬥志，沒有上進心。結果這個孩子非常生氣，連飯也沒有吃，把自己關在房間裏，傷心流淚了。

事後，在母親的開導下，孩子說出了自己的感受。他說這次考不好，他自己本來就很難過。他已經很努力了，考不好讓他感覺到壓力，回到家，父母只知道責備他沒有考好，卻不關心他的任何感受，他怎麼不傷心和生氣呢？

這一次，媽媽沒有像往常一樣責怪他，而是把他摟在懷裏。他馬上摟著母親的脖子，對母親說：「媽，妳一把我抱在懷裏，我就感到很高興，不再煩了。以後我不開心的時候，妳就抱著我，這可是個絕招，妳要記住啊！」孩子說的是實話，是他們內心真真切切的感受。許多母親很吝嗇表達自己對孩子的愛，總是板著面孔，惟恐孩子利用了這種愛。其實，感覺不到父母愛的孩子內心會有種不安感，導致他們不能專注於學習，甚至產生恐懼和焦慮。母親和父親的懷抱是平息孩子不良情緒的良藥，會讓孩子感受到被愛的感覺和安全感。

擁抱孩子是一件非常尋常的事情。透過這種親子間的皮膚接觸，可以使孩子獲得精神上的滿足，對孩子的健康發展有著非常大的意義。

人都害怕寂寞孤獨，害怕脫離人群。國外的隔離試驗發現，與世隔絕的人將逐漸產生精神不安，以致出現異常。孩子從小就渴望有人抱，喜歡聽母親的聲音，看母親的臉，這都是他們渴望滿足集體欲的表現，這種欲望是一種本能。

出生不久的嬰兒，視聽等感覺器官都還不是非常完善，所以滿足集體欲的主要方式是「皮膚接觸」，包括母親的擁抱、貼臉、親吻、握手等等。在皮膚接觸中，孩子體驗到「溫暖」、「欣慰」、「愉快」的感覺，大大有助於親子關係的形成。科學研究證明，在孤兒院的孩子儘管有舒適的床鋪休息、有足夠的玩具和食物，但是這些孩子比普通家庭的孩子體質差、發育慢，原因就在於缺乏母親的愛護，或者說缺乏與母親的皮膚接觸。爲了解決這個根本的問題，必須給孩子補充足夠的精神撫慰。

在一個心理學實驗中，實驗者給一隻小猴子準備了兩個「猴媽媽」：一個是模仿眞正「猴媽媽」的皮膚做的，但不能給小猴子提供奶喝；一個是金屬做的，但是可以給小猴子提供奶喝。然後讓小猴子在這兩個「猴媽媽」中進行選擇，結果發現，小猴子更願意接近、選擇非金屬的「猴媽媽」。由此可見，幼小動物也有被擁抱、與媽媽進行「皮膚接觸」的本能欲望。

從嬰兒到幼兒都需要與母親之間的肌膚之親，藉此安撫心靈，父母還要常常對孩子說「我愛你」之類的親密語言。三歲以前，孩子被親吻或擁抱的次數越多，越覺得自己被愛，從而更加的愛惜自己，在無形之增加強了孩子的自信心。

擁抱也可以影響孩子的個性和人格的形成。有被父母擁抱習慣的孩子，對於他人的反應也比較敏銳，如自己做錯事的時候，馬上就可以從父母的反應判斷自己的行爲不當程度，以後也懂得警惕自己的行徑。有時孩子會因爲想引起父母的注意而故意搗蛋使壞，在這種情況之下，父母除了責罵之外，更重要的是在責備之後表達「父母是愛你的」，來加深親子之間的心理聯繫，也安撫孩子做錯事之後的不安心理。

父母應該在繁忙的工作之餘，經常把嬰兒抱在懷裏，給他洗洗澡，愛護他，拉著他的手玩耍。這些行爲都可以透過皮膚接觸來滿足嬰兒的集體欲，孩子集體欲的滿足，有助於身心健康。否則，就容易出現不安全感、精神不穩定等狀態。

由此可見，經常與嬰兒進行皮膚接觸是非常重要的。擁抱孩子是父母藉著身體的接觸來告訴孩子：不管什麼時候，我們永遠無條件的愛你。這種愛將變成孩子生命中的一個重要部分。父母要適時給你的孩子一個擁抱，讓他感受到父母對他的愛和關心、家庭的溫暖，讓孩子更愛惜自己，珍惜身邊的一切，不畏困難，勇往直前。

第二章

氣氛和諧的家庭最幸福

「我最近太忙了，以後有時間一定……」

「你總是這麼說，你不是一個好爸爸……」

父母不能總以工作忙為藉口，剝奪與孩子相處的時間。要利用一切機會與孩子聊天、玩耍，創造和諧的家庭氣氛，這是為親子溝通創造最基本的條件。和諧的氣氛永遠是與孩子溝通的最好背景條件，一起吃飯，散散步，都是與孩子溝通和交流的最佳時機。

11．多留點時間給孩子

在如今快節奏的生活中，家長們大多非常忙，沒有那麼多時間去陪孩子們一塊玩、聊天，長此以往，孩子感到很無趣、孤單，對父母多多少少都有些怨言。有了至親的人在成長過程中共同參與，會強化孩子的滿足感、安全感，讓他們體會到爸爸媽媽並不因爲工作繁忙而將他們遺忘，進而使他們從心底深處解除了隔閡，原諒父母平時對他們的疏離與怠慢，與父母心貼心。而對於父母來說，與自己最疼愛的心肝寶貝在一起活動，不管做什麼，相信都會幹勁十足的。

有一名住校學生，僅僅在學期結束的時候才回家，爸媽中途也不來看望他。開學的時候，他爸爸用小車送他到學校，交了幾萬元學費之後，交給他一張金融卡，一隻手機，並告訴他，錢用完了就打電話回家，戶頭裡就會有錢。這個學生總是大把大把地亂花錢，經常結夥去大吃大喝。有一次，他在作文中寫道：「臭老爸，除了給我幾個錢，就什麼也不管……」

看到這裏，你會不會猛然一驚。

這個孩子缺少與父母最起碼的溝通，更不要談家庭教育。家庭教育是一切教育的基礎，而現在，很多父母與子女之間缺乏應有的溝通，父母沒有眞正瞭解孩子在想什麼、需要什麼，有些孩子甚至因爲無話可說而不願與父母同桌吃飯……

許多父母常希望改變自己，多陪孩子玩玩，卻總是力不從心。其實關鍵在於父母是否有心，同時是否懂得安排時間與孩子交流。除此之外，父母還可以使生活儘量遊戲化，如早上梳洗的時候，和孩子比賽誰洗臉快，購物的時候，可以玩超市遊戲等等。

孩子睡覺之前都希望爸爸媽媽能和自己多待一會兒，這時，父母可以和孩子說說話，讓孩子講講他在這一天中發生的事情，講解一些孩子感興趣的事物，如孩子喜歡汽車，不妨以孩子可以聽懂的話，講講汽車的發明、汽車的分類。

很多父母都不喜歡孩子玩電玩，看到孩子玩，就會馬上制止。其實不如給孩子定個時間讓他們玩遊戲，而且是父母和孩子一起玩。大人小孩一起玩，可使親子之間的關係更融洽。

在家的時候，父母可以讓孩子做一些力所能及的事情，像是媽媽做飯的時候，讓孩子幫著拿拿東西呀、挑菜呀、剝蒜呀，可以讓孩子覺得他長大了，有完成工作後的成就感。也可選些孩子和父母都能做的運動，例如打球、游泳、放風箏等等，孩子歡喜，父母

也可以在鍛煉身體中發揮想像力，和孩子好好玩。

星期假日的時候，選擇一個風景秀麗的地方游泳、爬山、野餐、遊戲等，父母與孩子敞開心扉暢談，宛如朋友一樣的與他們進行眞誠的交流，給你的孩子提供終生受用的精神滋養，這也是爲人父母的職責和義務，從而建立一個幸福和諧的家庭，讓孩子健康快樂的成長。

12．切勿用言語傷害孩子

一個四歲女孩每天在夢裏都會拼命抓自己的頭髮，母親以爲孩子得了心理疾病。看了醫生才知道，眞正的原因是，這位母親發脾氣時總對孩子說，「我眞想把妳的頭髮抓下來」，孩子受到過度的恐嚇，夢中才會抓頭髮……

前蘇聯心理學家做過這樣一個實驗。在一班大學生中挑出一個長相不甚漂亮、表現最愚笨、最不招人喜歡的姑娘，要求她的同學改變以往對她的看法，努力從心裏認定她是最漂亮、聰明的女孩，並爭先恐後地向她獻殷勤，陪她回家，目的是幫助她改變對自我形象的看法。

這樣做了將近一年之後，這位女孩身上漸漸出現了奇蹟——她變得嫵媚婀娜，姿態動人了。她在同學們的幫助下重新發現了自己，一掃過去的自卑畏縮，增強了自信心，使潛在的優點煥發出新的光彩了。

還有一個性格內向的男孩，剛入高中時，成績在班內排二十多名，而國中是頂尖資優生的他，覺得自己不如人（實際上，在明星高中已屬優秀了），於是變得非常消極、

自卑、怯懦。一次單元測試成績不如意就逃避回家，幾天不去學校上課，甚至還萌生退學和輕生的念頭。

從這兩個實例中，我們可以看出自我意識如何左右一個人。

自我意識是一個人在認識自身和環境中逐步形成和發展起來的。成年人往往在不經意之中給孩子自我意識的形成製造許多障礙，如在批評孩子的時候，常常說「我看你也不會有多大出息」、「你眞笨」之類的話；在孩子努力表達自己想法的時候，不耐煩的打斷孩子蹩腳的表達或搶先代孩子說；對孩子的創造和成績持不屑一顧、漫不經心的態度，不尊重孩子的獨立意願等。這是因爲他們習慣以成人的目光，居高臨下地對待孩子的幼稚。雖然不是有意要傷害孩子，但確實是妨礙了孩子的成長，阻礙了孩子良好自我意識的形成。

孩子從幼年到青年，自我意識逐漸變得複雜起來，不僅能自我觀察和自我評價，同時還有自愛、自尊、責任感和義務感；不僅包括對自我的感知，還包括對自己的意志、情緒和意識等方面的瞭解。但是孩子的自控能力和意志力並不完善，因此他們的自我評價總是建立在別人眼中的自己，在別人的評價中逐漸認識自己。

因此，父母應該多信任、關心和尊重孩子，對孩子的要求要嚴而有格。切忌用貶損性的言語去傷害孩子的自尊心。不少家長正是由於忽視了孩子自我意識的發展，導致家庭教育不能收到應該收到的效果，使父母與孩子之間產生了難以消除的隔閡，不利於孩子的成長和家庭的和睦。

13．給孩子自由的空間

「可憐天下父母心」，幾乎所有的家長都希望自己的孩子勤奮，成績輝煌，並爲此費盡了心血，步步扶持，關心孩子成績如何，排名怎樣。這樣眞的可以爲孩子的學習助添動力，爲孩子的成長設定乾坤嗎？

唐代柳宗元寫過這樣一個故事。一位姓郭的駝背老人種的樹，長得非常好，別人向他請教，他說，種樹要順應樹木的天性，培土澆水不過分。而有的人植樹，擔心樹長不好，一天要看好幾遍，不時地搖搖樹根，掐掐樹木，看看它長得怎樣，這種過分照顧，反而違背了樹的天性，妨礙了樹的自然生長。種樹是這樣，育人又何嘗不是這樣呢？

父母望子成龍但不能操之過急，急功近利。對待孩子要用適合孩子的方法，就像郭駝種樹一樣，要讓孩子自由和諧地發展，順應孩子成長的自然規律。

但是現在很多的父母都忽略了這一點，不僅安排孩子成長道路上的一切，充當孩子未來的「設計師」，把孩子卡進固定的模子，在管理上嚴格要求，還不時地提高要求。

有的家長爲了讓孩子抓緊時間用功，把孩子關在家裏，不許他看電視，不許他出去找同學玩。更有甚者，對孩子逼迫強制，施加壓力，專制作風愈來愈烈。然而，孩子的心能「關」住嗎，他會順從嗎……

二〇〇〇年一月，中國大陸金華市發生一起震驚全國的悲劇。一個高二的優等生，因忍受不了母親逼他考試進入前十名的嘮叨，竟殘忍地向親生母親舉起榔頭下了毒手……

如今的父母千方百計爲孩子著想，讓他們從小文武雙全，能歌善舞，總以爲多學一些東西，長大了才會有更好的發展。但是現實生活中，不可能人人成名家，所以不要刻意地強求孩子去學畫、學音樂、學書法，否則結果可能適得其反，給孩子的心理造成傷害。

父母的想法不是沒有道理，但如果這一切都是建立在孩子不情願的基礎上，那麼結果往往會偏離預想的軌道。孩子們平時忙、周末忙、白天晚上還忙，擁有一個快快樂樂、無憂無慮的童年，成了孩子們的奢望。爲什麼大人非要在這一生一次的童年裏給他們太多的壓力和無奈呢？如果孩子對某些方面感興趣，自己想學，家長是應該全力支援；而如果僅僅是父母將自己的意願強加在孩子的身上，逼著他們去學的話，那就失去了學習的意義。與其讓孩子做自己不喜歡或不願做的事情，還不如帶著孩子痛痛快快地

玩，在玩中也能學到很多。

給孩子一些自由的空間，讓他們的生活多一份理解和信任，少一些約束和羈絆，幫助孩子插上騰飛的翅膀，在理想的天空中自由飛翔。讓他們度過一個快樂的童年時期，留下一段美好的回憶，只有這樣，孩子才會眞正成爲父母心目中的驕子！

14・微笑面對孩子的錯誤

在今天獨生子女的社會裏，父母對孩子的期望都很高，對孩子的要求也都非常的嚴格，他們都迫切希望孩子能練就一身生存、適應社會的硬本領，卻不允許孩子犯錯誤，一旦孩子犯了一些小錯，就會受到家長嚴厲斥責或處罰，甚至動手打孩子。這樣一來，把孩子弄得無所適從，不學不行，學了又怕學不好。如此縮手縮腳，個性也會在不知不覺中受到壓抑，在心理蒙上一層陰影。

常會聽一些家長說：「哎，我那孩子真是不聽話，也不是沒打罵過，可他就是屢教不改。你看人家孩子多聽話……」其實「打」和「罵」並不是解決問題的方法。

李老師教過一個學生小林，雖然經常鼓勵她大膽發言，勇敢舉起自己的小手，可她在課堂上是那麼沈默，有時上課還注意力不集中。李老師於是打電話給她的爸爸。當她說自己是小林的導師，這位爸爸急促地接上話：「是不是我家孩子又犯錯了？這孩子，整天不知道在想什麼！昨天，我教她做了一道數學題，一轉眼讓她再做一遍，卻又不會，被我狠狠打了一頓。唉……」電話那頭的老師愣住了，聽著他那恨鐵不成鋼的歎氣

聲，便知道孩子爲什麼那麼的自卑膽小。錯了要挨打！過幾天，老師找了孩子的母親，和她交流了很長時間，讓她和孩子的父親換一種心態看待自己的孩子，用寬容的態度對待孩子在生活中、學習上犯的一些錯誤，給孩子一些自信。

現在的孩子多半懂事都比較早，自尊心也比較強，有些家長卻沒有意識到這一點。小孩一犯錯就動手打罵，並且經常不避開外人。這樣會傷到孩子的自尊心，使父母與孩子之間的溝通受阻。有時小孩已經意識到自己犯了錯誤，而你的一頓打罵，極有可能激起他們的反抗心理，造成知錯不改，喜歡鑽牛角尖……

在一個人的成長過程中，做錯事、犯錯誤是難免的，不犯錯就很難學到東西，更不能成長。我們每一個人都是在「吃一塹、長一智」中成長起來的，更何況是一個生活能力不夠和社會經驗不足、正處在生理和心理發育時期的孩子。

很多時候，孩子犯了錯誤情緒會非常低落，甚至恐慌，很可能喪失前進的動力和信心，這時家長更應該對孩子動之以情，曉之以理，以培養孩子的自信心爲出發點，多鼓勵，少責罵，放手讓他大膽嘗試、重新實踐。也就是說，要讓孩子「吃一小塹，長一大智」，使其在今後的人生道路上沿著正確的座標前進。

誰也不希望自己的孩子犯錯，但犯錯卻總是不可避免的，關鍵是犯了錯誤之後怎樣去處理。孩子犯了錯之後，父母必須要正確對待，根據孩子所犯的錯誤程度，給予及時指正，做到循序漸進，富有耐心，在寬容孩子錯誤的同時，也要盡力幫助孩子從錯誤中記取教訓，不斷的累積經驗，避免下次再犯這樣的錯誤。

有這樣一位家長就處理得非常好。孩子三歲多的時候，一天晚上，孩子去樓上與幾個小朋友玩，媽媽去叫孩子回家，一出門，只見她一隻小手緊緊捂著口袋，似乎擔心口袋裏的東西掉出來或被人看見似的。媽媽說：「涵涵，妳口袋裏是什麼東西，能給我看嗎？」她說：「沒有，什麼也沒有」。

後來，媽媽也沒有再說什麼，把話題岔開，回到家後，也沒有接著問此事，而是問孩子「今天晚上好不好玩，玩些什麼……」，慢慢的親近她，然後問她口袋裏的東西。孩子才說是某某小朋友拿了樓上鄰居家的幾張鈔票，給她兩張，另幾張小朋友放在口袋裏。這個時候，媽媽沒有責罵或批評她，而是正確引導她：「隨便拿別人的東西是不應該的，這種行爲是壞人做的事，即使是在家裏也不能亂拿，既然妳是個好寶寶，就應該把這幾張鈔票拿去還給人家，並且認錯，這樣妳才是個好孩子，爸爸媽媽才會更喜歡妳。」又給她講了很多的道理。從那之後，孩子再也沒拿過別人的任何東西。

父母關心下一代是必然的，然而僅僅只有愛還不夠，如果不採取正確的方法，那麼

一切就會是徒勞的。像上面例子的母親那樣，遇到情況仍能保持冷靜，等親子獨處的時候，再以溫和的方式提出來，既保證了孩子的自尊不受傷害，同時也給了孩子一個主動承認錯誤的機會，有利於孩子從小養成勇於承認錯誤、知錯就改的好習慣。因此，家長們在處理孩子犯錯的問題上，首先要相信孩子，先問清眞相，然後再處置。其次要從孩子的角度多替他們想想：他爲何會這樣做呢？當時是怎樣一種情況呢？然後再按你認爲可行的方法去做。

孩子因自制力弱或年幼無知等因素，常會出些差錯。身爲家長，要允許孩子犯錯誤，正確對待孩子所犯的錯誤，要本著關心愛護孩子的原則，態度溫和地鼓勵孩子承認錯誤，幫助孩子少犯錯誤或是不犯重覆的錯誤。

童年是人生獲取知識、培養做事能力、養成良好習慣的最好階段。但這是一個漸進的過程，同時也是不斷地嘗試、改正錯誤的過程，孩子正是在不斷的嘗試錯誤當中，逐漸成長起來的。要使孩子樹立自信心，父母必須正確對待孩子所犯的錯誤，意識到孩子犯錯誤是很自然正常的事情，如果不犯錯誤那才是不正常呢！爲了孩子的成長，讓我們微笑著面對孩子犯的錯誤，以寬容善待孩子犯的錯誤，眞正把孩子培養成一個健康、全面發展的人。

15・做個幽默的父母

中國傳統的家庭教育大都嚴肅多於寬容，從一些俗話便可略見一斑，如「棍棒底下出孝子」、「三天不打，上房揭瓦」。在這種思想的影響下，弄得父母與孩子的關係緊張對立。家庭教育的本質在「教育」二字，不管是哪一種教育方式，都離不開生活理念的灌輸。但是不同的灌輸形式產生的效果大不相同。心平氣和的教育能使孩子體會到自己與父母在人格上的平等，但因爲語言平淡，不疼不癢，無法產生持久的效果；疾言厲色的教育可以威懾孩子，但它容易讓孩子產生抗拒心理，是一種不得要領的教育方式。而如果不時來點幽默，必定會起到很好的效果。幽默的父母比較容易同子女溝通，使孩子免去在大人面前的拘謹，又能使其在輕鬆的一笑中受到刻骨銘心的啓迪，做到用智慧化解尷尬，用智慧教孩子讀懂小事件背後的大道理，乃至善至美的境界。

前蘇聯著名詩人米哈依爾・斯維特洛夫就是以幽默教育孩子的高手。有一次，詩人回到家裏，見一家人慌成一團，詩人母親正在打電話給醫院叫救護車。原來詩人的小兒子舒拉爲了想出風頭，別出心裁地喝了半瓶墨水。詩人明白，墨水不至於使人中毒，用

不著驚慌，這正是教育舒拉的好時機。於是，他輕鬆地問：「你眞的喝了墨水？」舒拉得意地坐在那裏，伸出帶墨水的舌頭，做了個鬼臉。

詩人一點不惱，從屋裏拿出一疊吸墨水的紙來，對小兒子說：「現在沒辦法了，你只有把這些吸墨紙使勁嚼碎吞下去！」一場虛驚就這樣被詩人一句幽默沖淡了，並在一家人的嘻笑中結束了。舒拉原想以此成爲家人的焦點，但沒有如願，此後他再也沒有犯過類似出風頭的錯了。

我們身邊也有不少這樣的例子。朋友八歲的孩子因爲癡迷武打電視劇，天天衝殺，朋友非常擔心。一天，孩子又在商店裏看中了一支新式玩具步槍，纏著要買，而家中的武器玩具早就堆積如山。朋友說：「兒子，你的軍事開支也太大了，現在是和平時期，我們裁減一點軍備如何？」兒子噗哧兩聲笑了，從此再也沒有要求父親買武器玩具。

七歲的家家不愛吃飯，餓得皮包骨頭。一次爸爸帶他去老家走訪，鄰家的狗衝上來，嚇得家家直往爸爸的身後躲。回來的路上，家家問爸爸爲什麼狗只咬他不咬爸爸。爸爸問他狗最喜歡吃什麼，「骨頭」，「對了，你看你身上全是骨頭，來之前我又沒有給狗打電話，所以他就咬你。」「那牠怎樣才不咬我呢？」「像我每天吃三大碗，肉包骨頭，身強力壯，狗就不咬你了。」家家懂了，從此之後願意少吃零食多吃飯了。

還有一次，粗心的家家竟不知道書包丟到哪裡去了，好不容易找回來，家家躲在房裏嚇得一聲不吭。爸爸沒有打他，安慰他：「你看，書包裏塞了這麼多無用東西，累到躲著主人睡著了，以後注意將它身上無用的東西丟出去減輕負擔。」小家家明白了，趕緊將書包裏沒有用的玩具、球拍拿了出來。

不意採用幽默的方式教育孩子，可以讓父母與孩子之間的關係更加融洽。偏偏許多父母教育孩子的時候有太多情緒，或憶苦思甜，拿自己過去的苦難或輝煌經歷告誡子女；或信奉棍棒之下出孝子，對孩子非打即罵；或一味嬌寵，孩子要天上的星星也要想辦法摘下來，孩子成了家裏的皇帝。有的總認爲自家小孩趕不上別家的孩子，一無是處，嚴重挫傷了孩子的自尊心，逼得孩子索性離家出走。有的小孩在積怨中火山爆發，奮起反抗，甚至演變成弒母洩憤的人間悲劇。

有個女孩問媽媽說：「媽，我們班有一個女生，老喜歡往男生堆裏鑽，衣服穿得又特別少，手臂、大腿經常被男生掐得青一塊紫一塊的，可她反而興奮得尖聲亂叫。媽，她是不是有受虐傾向？」母親頓時眼冒金星，費了很大的勁，才平靜下來問她：「妳說，這個女孩子做得對嗎？」女兒很懂事地說：「她小學時成績一直很出色，現在一天到晚和男孩子混在一起，成績一落千丈。」聽到女兒的話，母親鬆了一口氣。女兒還

行，懂得學生應以學習爲重的道理。然後，母親對她說：「媽媽並不反對男女同學交往，但人一輩子應當是分季節的，該夏天做的事，春天做了可就不對了。你看那稻穀吧，如果還沒成熟就收割，你就別想收穫了。」

母親形象化的幽默語言，發揮了良好的教育效果。孩子正處於青春期，存有反抗心理，正面的教育往往起不了好的教育效果。轉個彎從側面繞道，再固執的孩子也會轉變的。幽默實際上是一種樂觀精神，一種堅信「明天會更好」的執著，反映了教育的人文本質。幽默教育既保護了孩子的自尊心，又達到教育的效果，父母的意見自然也容易被孩子接受，良好的家庭氣氛就會隨之形成。幽默教子實在是更高一籌的妙招，希望父母都能學會幽默，對已懂事的孩子多來點幽默。

16・盡力滿足孩子的心理需求

父母在孩子的心中到底是什麼樣呢？某小學進行了一次評選「好爸爸、好媽媽」的活動。

學生自己訂出的「好爸爸、好媽媽」評選條件一共有十四條，其中有「給孩子少報一些輔導班」、「爲孩子樹立榜樣，比如孝敬老人、爲人正直」、「尊重孩子，保護孩子的隱私權」、「多給孩子自由選擇的機會，尊重孩子的意見」等，涉及到尊重孩子、有幽默感、不溺愛孩子、家庭和睦等方面，家長要全部做到確實有難度。在五百多份評選問卷中，沒有一位家長得滿分。

而其中，孩子最反感父母包辦一切。他們說，「多給我自由選擇的機會，父母不要事事都包辦代替」、「我成績不理想時，不要動不動就打罵，多給我一些鼓勵吧」、「給我少報一些輔導班」……在進行評選的時候，學生們一點都不手軟，並沒有因爲想讓自己的父母選上「好爸爸、好媽媽」而「徇私情」，只要父母某項條件不合格，就立刻打「叉」。

四年級的翔翔一直都住在爺爺奶奶家，因爲他的父母平時工作非常忙，他只有在周末時才能夠見到父母。「關心孩子的身心健康，經常多找一些時間陪陪孩子，多溝通、多交流。」看到這一項評選條件，翔翔毫不猶豫地給自己的父母打上了「叉」。「我不希望爸爸媽媽能選上，因爲他們做得不夠好，還不夠當選好爸爸、好媽媽的條件。」翔翔說，他只希望父母能抽點時間和他說說話。

六年級的曉雪在「少報名補習課」一欄中給媽媽打了一個「叉」。原來，曉雪的媽媽想讓她上明星中學，就給她報了好幾個補習班，每到周末她都要和媽媽奔波於各個補習班。「我特別希望能過一個哪兒都不用去的周末，希望媽媽不要給我報太多的補習班。」曉雪在評選「好爸爸、好媽媽」時說出了自己對媽媽的要求。

有一個媽媽對兒子說：「詹姆斯，快點做你的作業。做完後，你可以到外邊去玩一會兒，還可以自己決定玩什麼。」

「好，媽媽，我馬上就做完了。」七歲的詹姆斯回答。不一會，他完成了。「我做完作業了，我想去溜滑板。」說著就要去換鞋。

「溜滑板容易摔倒，現在又剛下完雨，你還是打籃球吧。」

「我不會摔倒的，別人不是都在滑嗎？」

「你眞想滑？不怕摔？」

「是啊，我想滑。」

「算了吧，你會摔倒的，你還是去打籃球的好。」媽媽想了想說。

「不要，我要去玩滑板。」

「好了，聽媽媽話，做個好孩子，去打籃球吧。」

孩子沒辦法，只好聽媽媽的話去打籃球。開始的時候，媽媽告訴詹姆斯，他可以決定玩什麼，然而最後還是母親自己作了決定，甚至與詹姆斯爭執，直至詹姆斯妥協爲止。

媽媽有言在先，而後又自食其言，這樣只會削弱了孩子對媽媽的信任。

那麼，孩子喜歡父母用什麼樣的方式去對待他們呢？孩子普遍希望父母具有多重角色，既是長輩，又是朋友；經常講述一些過去的經歷，平等地和孩子交流；能多抽出些時間陪孩子一起學習一起玩；允許孩子犯點小毛病，儘量不發脾氣；特別是在決定有關他們的事情之前，一定要徵求一下他們的意見等等。孩子對父母的希望並不是苛求，而是一種發自內心的需求，父母應盡力地滿足孩子的心理需要。

孩子與父母之間存在「代溝」是個客觀事實，兩代人之間確實存在「差異」，不然這怎麼是「兩代人」呢。但是，「差異」不是不可以縮小，「代溝」不是不可以填充。這需要父母有智慧的透過與孩子溝通，達到相互理解、相互認同的效果。建立在這一基礎上的教育才能產生好的效應，否則就會事與願違。爲了我們的孩子擁有愉快的童年、金色的青春和幸福而有價值的人生，在爲他們作決定之前，請先徵求一下他們的意見，儘量滿足他們的心理要求。

17・孩子偶爾說謊也是迫不得已

發現孩子說謊，父母總是很失望、很氣憤。不過父母是否想過，孩子有時的撒謊也是「迫不得已」呢？

我的兒子剛上小學時，他爸爸脾氣暴躁，動不動就把兒子教訓「修理」一番。時間一長，兒子很怕他。我一直覺得孩子有個怕的人也不是什麼壞事，免得誰也管不了，沒規矩地肆意妄爲，所以當老公教訓兒子的時候，我很少阻止。

有一天晚上，我偶爾發現兒子的抽屜裏有一支很漂亮的鋼筆，看起來並不便宜。我問他：「鋼筆是從哪兒來的？」兒子看看我，又看看他爸爸，低聲說：「是別人送的。」

睡覺前，兒子悄悄地對我說：「媽，我剛才說的是謊話。」啊！我緊張地望著兒子，兒子卻吞吞吐吐地說：「媽，別告訴我爸爸，他會打我的，我害怕！」我再三保證這是我們兩個人之間的秘密，兒子這才告訴我，他用自己的零用錢買鋼筆，怕爸爸說他亂花錢而打他，所以才謊稱是別人送給他的。

看著兒子膽怯的樣子，我是又生氣又心疼：「彤彤，有時候你自己認爲的錯事並不像你想像中的那樣嚴重，實話實說，你爸爸是不會打你的。而說謊話是最嚴重的錯誤！」兒子唯唯諾諾地說：「我知道了，不過有時候，當著爸爸的面，我可能要說謊話，那也是迫不得已。然後，我再告訴媽媽眞話好嗎？他打得很疼的。」唉，兒子是被他爸爸打怕了，竟然爲了避免挨打而說謊！

我把兒子的話原原本本地告訴老公，老公非常後悔，埋怨自己太粗枝大葉了，只想做一個嚴父，把兒子管教成才，卻忽略了兒子的內心感受。從那以後，老公再沒有打過兒子，父子倆一起遊戲玩耍，其樂融融，讓我很欣慰。沒有了挨打的顧慮，兒子再沒有說過謊話。

其實，人不可能任何時候都是誠實的，也都曾經說謊，兒童撒謊更是每個父母都會遇到的問題，大部分家長都會把撒謊當作一件非常嚴重的事情，懲罰也比較重。但是，有時孩子說謊是因爲迫不得已，父母必須弄明白再處理。

小甯從爸爸的口袋裏拿了一百元，爸爸發現錢少了，就問小寧，並且答應：「如果是妳拿了，說實話，我就不打妳。」小寧認爲坦白就可以不用挨打，於是承認了。爸爸得知孩子的偷竊行爲，氣上心頭，完全忘記自己許下的諾言，打了小寧。

父母不守信用，讓孩子下次再遇到同樣情況，就不願再被父母所欺騙，同時爲了不挨打，也不說眞話了。

一位母親說她遇到孩子撒謊的時候，會首先警告孩子：如果撒謊，她將用剪刀剪去他的舌頭。以後孩子好像乖多了。一些人認爲這是個不得已的辦法。但是一位教育專家提出疑問：「如果孩子眞的撒謊了，妳會剪掉他的舌頭嗎？」這位母親理直氣壯地說：「哪能呢！你以爲我瘋了嗎？」教育專家反問道：「那麼，妳是在向孩子撒謊啦？」做家長的用謊言來教導孩子不要撒謊，眞是天大的笑話。

然而，有很多家長正是在不知不覺中教導孩子去撒謊。下面我們就介紹幾位父母是如何樹立撒謊榜樣的。小明的爸爸正在看影片，外面傳來門鈴聲。爸爸讓小明去開門，並教他說：「爸爸不在家。」他迷惘地問爸爸：「你明明在家，爲什麼說不在呢？」爸爸笑笑說：「這部片子非常精彩，我不願意別人來打擾我！」一次，兩次，小明認爲父母撒謊是一種應付的技巧，認爲撒謊也不是什麼大的錯，所以小明就從父親那裏學會了撒謊……

還有些家長常常爲了誘導孩子做一件事，就輕易許諾，而事後就忘記了。孩子的希望落空了，他發覺父母是在欺騙自己，在向自己撒謊。比如，媽媽囑咐兒子，在奶奶家

一定要聽話，如果表現好，就帶孩子出去玩。但遇到星期天又有許多的家務要做，就把日期推後，而且一推再推，從而也就不了了之了。

這個時候，孩子會因爲媽媽沒有兌現諾言，感到失望，並因受騙而憤怒。此外，孩子也從中得到了一些經驗：(1)父母的言行不一致；(2)父母在對自己撒謊，自己受騙了；(3)父母是會失信的，以後不能完全相信他們的話；(4)爲了要達到目的，誇張一點說話、許諾也無妨；(5)撒謊是允許的。

孩子會下意識地模仿父母的動作，吸收他們的思想，學習他們待人處世的態度。這樣，就在潛移默化中不自覺地形成了孩子的人格、品性。所以，要糾正孩子撒謊的習慣，父母就必須先從自身做起。

孩子撒謊，很多時候並不是故意的，特別是幼小的孩子。由於孩子的智力和識別能力發育還不成熟，所以不能清楚地分辨哪些是幻想，哪些是現實。這個時期的兒童，腦子裏充滿了幻想，記憶力也非常的薄弱，常會把一件事同另一件事混淆在一起，也常會把腦中幻想的事情當作曾經發生的事實講出來。如果父母不瞭解情況，誤認爲這樣幼小的年齡就會撒謊，爲此勞神傷氣，則大可不必。撒謊是每個人都會犯的錯誤，父母要正確對待孩子偶爾的撒謊，給他們改過的機會，讓他們從中學習，同時也要樹立好榜樣。

18．用孩子的眼光來看待孩子

德國心理學家黑爾加．吉爾特勒這樣告誡我們：「如果您放棄權力，放棄您的優越感，那麼您得到孩子信任和尊敬的機會就更大。」然而，能夠這樣做的父母並不多。一位年僅十五歲的中學生，在家裏不是臉紅脖子的粗頂撞父母，就是悶不吭氣。然而在同學和朋友面前，他卻侃侃而談，眉開眼笑，這實在讓他的母親摸不著頭腦。她不明白自己怎麼會有這樣一個叛逆性十足的孩子。

還有一些孩子常常會在父母的面前撒謊，孩子爲什麼撒謊？顯然，孩子只有在做了錯事的時候，才對父母撒謊。他們爲什麼要撒謊呢？因爲孩子怕受到傷害，面對父母步步緊逼的態勢，聲色俱厲的責問，他們只能選擇隱瞞眞相，從而逃避懲罰。父母的懲罰不僅僅是肉體上的，還可能是言語給孩子的心靈帶來的某些傷害。所以，面對孩子犯下的錯誤，父母的責難和訓斥只會成爲孩子撒謊的催化劑，而對制約撒謊起不了什麼大的作用。

事實上，父母和孩子之間的隔閡很多都是成人自己造成的。成人把自己凌駕到孩子

之上，不管對錯全都要孩子接受，孩子怎麼會服氣呢？他會這樣想——爲什麼我做錯事要挨打，爸媽做錯事就沒有人懲罰呢？就憑你比我大嗎？

父母會發出這樣的感歎：孩子越大，就越難瞭解了。事實確實是這樣。孩子小，父母處處以一個長者的身份，去指揮孩子的一言一行，不曾眞正體會到孩子的感受。當孩子漸漸長大，父母就會和孩子越走越遠，代溝也就緊跟著產生了，父母因而難以把正確的經驗和思想傳遞給自己的孩子，導致教育失敗。

與年幼的孩子講話的時候，父母最好是蹲下來，和孩子處於同一高度，讓他感到自己的存在，父母也可以和孩子用同樣的眼光去觀察、看待世界，這樣有利於相互之間平等的交談。因爲幼兒也有自尊心，他們的自尊心一旦受到傷害，就很容易變得退縮。

教育的本身意味著支援和陪伴，所以父母要想與孩子建立融洽的親子關係，就必須放下架子，走進孩子的內心世界，讓孩子把你當成年長的玩伴和忠實的朋友。瞭解孩子是教育的開端，是教育孩子的第一步。大多數父母上班工作業務繁忙，回家後又有家務活，平時對孩子的觀察和瞭解是不夠的，由此造成了父母與子女之間的隔閡。

倘若父母從一開始就能做到和孩子一起成長，時刻保持著一顆童心，用孩子的眼光去看待孩子，那麼，隨著孩子的成長，你就會發現，在孩子漸漸讀懂這個世界的同時，你也慢慢地讀懂了孩子這本書，走進了孩子的內心世界。

童心表現本眞的人性，正確的教育應該基於對人性的準確把握和理解。然而，當我們做了父母之後，以爲自己成熟了，並用一雙世故的眼睛去看待孩子或他們所做的事情，總覺得孩子非常的天眞幼稚。然而，用世故的眼光去看孩子，只會發現孩子的缺陷，就很難鑒賞人性之美、理解童心之眞。

父母必須以孩子的眼光來看待孩子，這是爲人父母最重要的原則之一。我們首先要站在孩子的立場，設身處地體驗孩子的眞實感受，少一份對孩子的訓斥，多一份對孩子的理解，只有這樣，才能加強親子之間的溝通，給孩子創造一個寬鬆的成長氛圍。

如果你依然擁有孩童的眼光和一顆童心，我們爲你高興。如果你已經丟失了它，請努力把它找回來。童心的失而復得是一種人生的新境界，只有在這種境界裏，你才有可能成爲孩子的心靈導師，走進孩子的內心世界，使你與孩子之間的感情更融洽，家庭氣氛更和睦。

第三章

善於傾聽，做最好的父母

父母要耐心地做孩子的聽眾，在孩子漫無邊際的講述中，父母可以充分瞭解他的真實想法；在孩子對某件事的辯解中，父母可以發現事情的真正原委。因此與孩子交談時，父母不能只注重自己怎樣說，更要注意聽孩子怎樣說。

學會傾聽，這是與孩子有效溝通中不可缺少的一環。假如孩子正在氣頭上，要允許他發脾氣。父母不妨全神貫注地傾聽，這樣的傾聽正是在告訴孩子——我們是在意你的，我們在認真地聽你說話。

19・讓孩子說出真話

只有讓孩子說出眞心話，父母才能眞正瞭解孩子，正確地引導、教育孩子。所以，成爲孩子的讀心者，可謂家庭教育成功的關鍵。

當孩子還小，因爲沒有完整的人生觀和獨立思維能力，很容易接受大人的觀點。而當孩子進入初中、高中時，雖然思維、世界觀和人生觀還不成熟，但已經開始用自己的思維方式看待問題了。此時，當孩子再向家長傾訴心聲時，家長如用長者身份，外加強權的語氣，完全否定孩子的想法，那麼孩子的獨立人格必會受到重創，久而久之就不再對父母傾訴心聲，而是對父母敬而遠之。做父母的應該想想，你們難道願意和一個總是反對自己意見的人說心裏話嗎？

其實，父母想讓孩子對自己說出心聲並不難，只要與他們平等對話，出現問題時，先耐心聽完他們的想法，而後用商量的口氣提出建議，最後讓孩子做出最終的決定。即使孩子沒有完全採納你的意見，在對與錯之間，孩子也會明白家長的用心。做到如此，那麼兩代人之間的交流就可以轉化爲一種平等的友誼關係，從而長遠地延續下去。

許多父母要等到孩子已出現偏差行爲才準備和孩子溝通。事實上，溝通的管道不可能突然建立，而是需要長期培養的。

大部分孩子都敏感而纖細，當他們對大人釋出善意卻不能得到回應，會漸漸封閉自己的內心，下回父母要他說出眞心話就沒那麼容易了。與孩子的溝通過程中，家長應該學著做個聆聽者，一個好的聆聽者聽話的時間多，說話的時間少，讓孩子暢所欲言，即便有意見不相同之處，也千萬不要急著生氣、反駁，因爲溝通不是辯論，而是希望對方能將心底的想法說出來。

要想與孩子眞心交流，引導孩子說出眞心話，父母就更要有誠心和耐心，學會尊重孩子，多鼓勵多引導，不管是學校、老師、同學之間的閒情趣事，還是課堂上的雞毛蒜皮，都應該讓孩子暢所欲言，千萬不要打斷孩子的話，否則你甚至永遠得不到與孩子眞心交流的機會。

望子成龍是天下所有家長美好的願望，在孩子的成長過程中，家長既是老師，更是孩子的朋友，只要深入交流，就可以讓孩子在父母面前說出心裏話，解決孩子的成長問題。

20．時常傾聽孩子的心聲

孩子是一個獨立的個體，是藉母親的身體來到這個世界上的，但是很多父母忽略了這一事實，不能把孩子當作一個獨立的人來看待，無法耐心傾聽孩子的心聲。

促進親子溝通，建立親子關係最基本的還是兩個字——傾聽。

美國心理學界設計一種類似天主教的告解室：一個小房間隔著布簾子，很多有心理問題的朋友來到這裡求助，談完後就離開。後來人們發現布簾後面不是神父，竟是一台設計精良的電腦。電腦會做出反應，說「嗯，我瞭解」、「然後呢？」

很多人藉由這台電腦得到幫助，都感到十分的奇妙，這在心理學上稱爲「淨化作用」，也就是當你的心裏有了困擾或心結，傾吐後就會感到舒服很多，心底也會如同洗滌過一樣。

我們都知道傾聽是溝通的基礎，傾聽對於孩子來講是十分重要的。父母傾聽孩子講話，應該注意一些技巧。首先，我們可以看到幼稚園老師跟小朋友講話的第一個動作是蹲下或彎腰，眼睛平視孩子。身體表達的語言常比我們嘴巴說的語言更真確。有些父母

翹著二郎腿坐在椅子上，叫孩子「你給我站好」、「小鬼給我聽好」，這是很差的身體語言。父母應該在身體語言上給孩子以尊重，讓孩子覺得是在公平的氣氛下跟父母進行交談。

小婭媽媽氣急敗壞地找美術老師告狀：「小婭畫的月亮是藍色的，我叫她重畫，她不肯。老師，你幫我管管！」只見小婭嘟著嘴一聲不吭地使勁用藍色塗抹月亮。老師走過去，和顏悅色地問：「小婭，你能告訴我爲什麼畫藍色月亮嗎？」小婭用眼瞟瞟母親，然後嘟著小嘴說：「因爲月亮剛洗過澡呀！」

大人對於孩子的奇想應善待，而非否定。只有做到尊重孩子，多問幾個「爲什麼」，學會傾聽孩子的心聲，才能夠眞正瞭解孩子的眞實心態，與孩子交流。孩子有著非常旺盛的求知欲，他們的問題和答案往往自有邏輯和道理。他們非常勇於提出和探索問題，這也是生命成長中最有價值的精神。

傾聽不僅是一門藝術，也是一門科學，它是有技巧可言的。注意自己的表情和動作，當孩子與你進行交談的時候，你必需要做到眼神注視著他，身體面對著他（上身微向前傾），蹲下來或坐下來，頻頻點頭或微笑。

然後是記得重述孩子的話。當孩子說「我很難過」之類的話，爲了引導和澄清他

的敘述，可以像一面鏡子般地重覆孩子的一句話或幾個字，像是「怎麼了」、「難過？」。

請孩子舉出一些例子，如孩子告訴你「同學們都不喜歡我」之類的話，你可以請他說得更清楚、更具體點，如「你可不可以舉個例子？比方說……」等。

運用一些引導句子，如當孩子在講述事情時，父母可以用「嗯，哦，是，這很有趣，你的意思是……你是怎麼知道的？」等反應來引導孩子。

運用這些技巧最重要的精神是「同理心」，設身處地爲孩子著想。最容易的方法是想一想：我如果是這孩子，我會有什麼感受？打個比方說，當孩子放學回家告訴你，今天在學校被老師處罰了，典型的父母反應常是：「你一定做錯什麼了（犯了過錯），否則老師怎麼會處罰你？」這種反應不是同理心，給孩子的感受是拒絕和指責，久而久之，孩子有什麼事情都不會讓父母知道，問題也就發生了。父母應學著用以下的句子表達同理心，如：「老師處罰你了，你很難過？你很傷心？你是不是在同學面前被處罰，覺得很沒面子…」這種反映孩子情緒、接納孩子情緒的態度是親子溝通最有效之道。經過上述的傾聽階段，再與孩子一起動腦討論解決方法，共同改善目前的情況。

能夠時常做到善於傾聽孩子意見的家庭，是家庭民主的重要標誌，是父母育人能力

的重要體現，也是從對話獲取教育資訊的泉源。無論是在何時何地，我們都要洗耳恭聽孩子的發言，從孩子平時的言談當中試探對家庭教育及其他方面的看法和意見，瞭解其下意識說出的心裏話，從中發現孩子的要求和志趣，尋找出解決問題、發展自我、超越自我的辦法。

特別需要注意的是，孩子有時在對話中向父母訴苦、出氣、發火，而且情緒激動，言語過度，不太講究分寸，這時父母要有耐心，可以讓他盡情地傾吐，或允許他適度發洩心中的憤懣。切忌反駁或指責，或顯得不耐煩，甚至輕易下結論。這樣做會火上加油，激化對立，不利於對話進行，又傷害感情，也有損父母形象。

總之，家庭教育是一門科學，又是一門藝術，只有高素質的家長，才會有高素質的孩子。

21・父母要勇於向孩子「道歉」

今天的社會已經把「勇於道歉」視爲基本禮儀和修養，這無疑是社會進步的標誌。可是很多人在家裏做錯了事從不道歉，尤其是父母更不願向孩子道歉。殊不知，家長勇於向孩子道歉，正是家庭教育中的明智之舉。

家長如果不能做到向孩子承認自己所犯的缺點與錯誤，孩子就難免會產生「父母永遠正確而實際上老是出錯」的觀念，久而久之，對父母的教誨也會置之腦後。而如果對孩子做錯事後，家長能先鄭重地向孩子認錯道歉，孩子就會懂得承認錯誤並不是一件可恥的事情，進而提高分辨是非的能力，並且品嘗到原諒別人的甜美。

比如當孩子「闖禍」之後，一些家長由於一時的感情衝動，往往會對孩子採取不恰當的或是過重的批評或懲罰。事過之後，父母又往往後悔。這時，倘若父母能眞誠地向孩子道歉，用自己的行動補救自己的過失，則能引導孩子明辨是非。

被稱爲「西班牙王國上空一顆光輝燦爛的巨星」的拉蒙・依・卡哈，他的成長就說明了這一點。卡哈小的時候十分調皮，十三歲的他運用所學知識造了一門「眞」的大

炮，一經發射，把鄰居家的孩子打傷，他闖了大禍，被罰款和拘留。他從拘留所出來之後，身為外科醫生的父親，把卡哈這個「頑童」著實訓斥了一頓，並責令他停止學業，學補鞋子。後來，父親越來越覺得這處罰過於嚴厲，孩子闖了禍是要管教，但不能因噎廢食。於是一年過後，父親上補鞋鋪接回了卡哈，摟著孩子深情地說：「我做得不對，我向你道歉。我不該因為你闖了一次禍而中斷你的學業。從現在開始，你就在我身邊學習吧，你一定會有出息的！」從此，卡哈潛心學習骨骼學，終於成為舉世矚目的神經組織學家，榮獲了諾貝爾獎。

一位父親下班回家已經很晚了，身體疲倦，心情也不太好。這個時候，他發現五歲的兒子正靠在門邊等他。

「我可以問你一個問題嗎？」兒子問。

「什麼問題？」父親顯得十分不耐煩。

「爸，你一小時能賺多少錢？」

「這與你沒有關係。為什麼要問這樣的問題？」父親生氣地說。

「我只是想知道。」兒子望著父親，懇求道：「請告訴我，你一小時能賺多少錢？」

「假如你一定要知道的話，那我就告訴你吧。我一小時賺二十美元。」父親有點按捺不住了。

「喔。」兒子沮喪地低下頭。過了一會兒，他又抬起頭，猶豫地說：「爸——，你可以借給我十美元嗎？」

父親終於發怒了：「如果問這種問題就是想要向我借錢去買毫無意義的玩具，那你還是回房間去，躺到床上好好想想爲什麼你會那麼自私。我每天長時間辛苦工作，現在需要休息，沒時間和你玩小孩子的遊戲。」

兒子一聲不吭地走回自己的房間，輕輕關上了門。

父親氣了好一陣子，才漸漸平靜下來。想到自己剛才實在有些粗暴，他走進孩子的房間，輕聲問孩子：「你睡了嗎？」

「爸，還沒。」兒子回答。

「爸爸今天心情不太好，所以剛才可能對你太凶了，請你原諒。」父親說，「這是你要的十美元。」「爸，謝謝你。」兒子欣喜地接過錢，然後又從自己的枕頭下面拿出一些皺皺的鈔票，高興地數了起來。

「你已經有錢了爲什麼還要？」父親又開始生氣了。

「因爲只有那些還不夠，不過現在已經足夠了。」兒子回答。然後他將數好的錢全部放在父親手裏，認眞地說：「爸，我現在有二十美元了，我可以向你買一個小時的時間嗎？明天請早一點回家，我想和你一起吃晚餐。」

工作纏身的父母，儘量多留一些時間給自己的孩子吧。多傾聽他們的心聲，不要忽略他們的感受。孩子如同栽種的花草一樣，是需要時間來灌溉和呵護的。如果每一位父母都能夠用心傾聽孩子的心聲，這樣既尊重了孩子，同時也會讓我們的心情平靜，不是兩全其美嗎？

有些家長以爲「向孩子認錯、道歉會失面子，失去權威」，這樣的擔憂是多餘的。「人非聖賢，孰能無過」，漫漫人生路上，誰能一點錯誤不犯呢？在教育孩子過程中，也會出現缺點和錯誤，如何正確對待自身的缺點和錯誤，如何面對自己的孩子，是値得重視的問題。

有這樣的家長，明明自己做錯了事，冤枉了孩子，或誤導了孩子，還爲自己護短，輕描淡寫，不當回事。這就違背了做人的基本原則，也是教育中的大忌。次數多了，家長在孩子心目中失去威信，還談得上什麼教育孩子呢？

有錯認錯，需要實事求是，既不能小題大做，也不能大題小作。要把握好「度」。

你也許認爲，向孩子道歉有損自己做父母的尊嚴，其實恰恰相反。當孩子認爲父母錯了卻要被迫服從，或是受到父母不公正的對待，他們會開始反抗父母。相反，如果父母承認自己的不對，並向孩子道歉，孩子便會對父母感到信任，同時體驗到與成人平等相處的美好。

勇於向孩子道歉實在是一件美事，除了可以建立孩子的自信和自尊外，也是以身作則對孩子進行禮貌教育的表現。

22．改變觀念，以平等心傾聽孩子

大衛這孩子有一個很奇怪的毛病，他無論與誰說話，總是喜歡使勁拽對方的袖子。爸爸媽媽爲此十分惱火，他們希望大衛長大後能成爲一名彬彬有禮的紳士，可是從目前的情況來看，這實在有些不太可能。大衛的爸爸媽媽爲此事經常教訓大衛，情況卻始終沒有一點改觀。

一天，他們帶大衛去參加他們的高中同學聚會，同學之間將近二十年沒有見面了。他們遇到了老同學蘇茜，蘇茜也有一個和大衛差不多年紀的孩子。老同學見面，自然免不了說起自己的孩子。他們將大衛平時沒禮貌的事說給蘇茜聽，蘇茜看上去有些不以爲然，卻沒多說。

蘇茜的女兒琳達走了過來，她使勁踮起腳尖，指著桌上的食物說：「媽媽，我要吃那個……」只見蘇茜彎下腰，把臉靠在琳達的臉上，順著琳達手指的方向看了一下，然後微笑著對琳達說：「要豌豆泥，是嗎？」琳達輕輕地點了點頭。

過了一會兒，女兒琳達又跑了過來，朝蘇茜搖了搖手中的紙片，蘇茜彎下腰，輕聲

問女兒：「什麼事呢？」琳達興高采烈地告訴媽媽：「這是我和玩伴們玩買賣東西的遊戲賺來的十美元！」蘇茜親了親琳達的小臉，高興地說：「妳實在太能幹了！」琳達又高興地跑出去玩了。

「妳對孩子眞有耐心！看看你們小琳達多可愛！」大衛的爸爸媽媽情不自禁地誇獎起琳達來。蘇茜突然問道：「你們是不是從來沒有蹲下來和大衛講過話？」「嘎？」大衛的爸媽覺得很奇怪：「蹲下來講話？」「對呀！依我看，大衛抓住別人的袖子，就是想讓那個人低下頭來看自己。」蘇茜十分平靜地回答道。

我們說話的時候，是不是也希望別人看著我們的眼睛？孩子與我們是一樣的！在孩子的眼裏，大人總是高高在上，這會讓他們感到承擔著巨大壓力，因此孩子很希望大人能和自己眞正地面對面。

想想，孩子們的話題無所不在，一天到頭都在身邊縈繞，你有沒有眞正聽一聽、悟一悟呢？

你有耐心眞正去探究這個孩子在想什麼？他要表達什麼？他心裏存在怎樣的念頭？懂得尊重孩子的情感需要，就要尊重他們的個性發展，不壓抑他的本性流露，這樣才能夠爲他們營造出最大的發展潛能。

有些父母對待自己的孩子，總是像上級對下級那樣，過於強調自己的觀點與尊嚴，而根本就不顧及孩子的想法。這樣做，不僅得不到孩子的認同，還十分容易引起他們的反感，破壞父母在他們心目中的形象，因而達不到預期的教育效果。

究其深層原因，在於父母內心的想法使然。

第一個想法是：「我背負著孩子現在及未來好壞、成敗的責任。」就爲了盡到責任，因此不該由自己來安排的，也獨斷地替孩子決定；不該干涉的，也忍不住要干涉，分不清父母與孩子各自應該負責的權限。

父母眞的背負著子女一切好壞成敗的責任嗎？仔細回顧一下自己曾經走過的歷程吧！幾十年來，我們有多少學習與體驗，不都是在離開父母之後才開始的嗎？也有不少次的成功，與父母並無絕對的關係；當然有更多的挫敗，父母根本是愛莫能助……

所以父母固然影響很多，卻絕不是全部。

第二個想法是：「孩子是屬於我的。」因此孩子與自己只是一個從屬關係，永遠不可能是一個獨立、可以與自己平等的個體，所以做父母的便以爲可以任意的處置他們，如我們在意時，就給他許多愛，不喜歡的時候，便會任性地對他大吼「你去死」、「你出去」，如此這般地濫用親權，一點都不客氣。

其實，孩子只是藉著父母來到這個世界，他屬於大自然，爲社會所共有，他並不僅屬於父母，父母只有把他教養成社會人的義務，沒有操縱他生殺大權的權利。此外，孩子只屬於他自己，最終要走的是他自己的人生路，要過的是他自己的日子，父母應該尊重他的歸屬權和處置權。

只有尊重和平等，父母與孩子才能溝通、交流，父母也才能理解孩子。

每一個孩子都有他自己獨特的想法和做法，你唯有去聽、去細心地感受，才會深入到他們的心靈深處，探知他們的需求和渴望。

父母給孩子最好的愛，就是把他們當「大人」看待，以平等心態對待他們，這也是塡平「代溝」、解決「問題」的最好方法。把孩子當作「大人」看待，這樣，孩子有什麼想法，會主動對父母說，父母就能及時注意到孩子心中的問題，及早去關心他們、幫助他們，這對孩子的思想和性格的完善與健全，都會有好處。

一位媽媽領著孩子走進田野。突然孩子脫開媽媽的手，蹲到一株美麗的花朵前，說了許多悄悄話。媽媽奇怪地問：「爲什麼要蹲下去呢？」孩子回答：「它聽不見呀！」媽媽明白了，只有當他們平等的時候，才能實現心靈與心靈的交流。

知道了這個小故事，家長是不是受了一點啓發，可以多多去反省自己呢？孩子都懂得蹲下去和花兒說話，我們是不是應該學習呢？有好多家長以爲孩子現在還很小，什麼都不會，懶得理睬孩子，不願意平等地與孩子說話，忽視孩子那無窮無盡的奇特想法和舉動，總是高高在上，擺著大人的譜，看孩子什麼都不順眼，什麼都不合自己的心意；他們總是高聲訓斥，厲聲責罵，冷酷地挖苦，粗暴地強制。其實，他們雖然是大人，可也不是什麼都懂，孩子值得他們學習的地方眞的不少。

23．不要突然打斷孩子的滔滔不絕

當孩子說話時，不可輕易打斷孩子的話。要耐心地、盡可能地讓孩子把話說完，如孩子說：「媽媽，我想看……」母親知道孩子想看卡通節目，便打斷孩子的話：「想看卡通片嗎？不要動，讓媽媽來開電視。」長此以往，孩子會養成說半截話的習慣。孩子想說的多是自己的要求或感受，尤其是他感到好玩的或害怕的事，但父母往往忽視這類問題，不注意聽完孩子的話。長期如此發展下去，會挫傷孩子說話的積極性。

其次，父母要做一個冷靜的聽衆，在沒有壓力的環境當中多給孩子提供一些說話的機會，不要輕易打斷孩子的話，不要替孩子說，也不要強迫孩子「再說一遍」。當孩子說得好時，應馬上給予讚揚和鼓勵。如果孩子不願意，不要強迫他在生人面前說話，因爲在公開場合說話容易令人不安，使本來講話就緊張的孩子變得更加困窘。

在交流中，最好不要輕易打斷孩子的敘述，而當孩子滔滔不絕或者不知該如何表達，父母仍要面帶微笑鼓勵孩子，給予他們表達的勇氣和自信心。

24．放下手中的活，認真傾聽孩子的心聲

在做出傾聽姿勢的同時，還要表現出傾聽的興趣，讓孩子把話說完。設想，當孩子跟你說話，你就顯出不耐煩，孩子會多掃興！身爲父母，應鼓勵孩子把他想說的話說完。

其次，父母在傾聽同時，可適當傳遞聽者的感受。父母的一個動作，一個眼神，一種略帶誇張的表情，都會讓孩子樹立自信心。

如果你發現自己的孩子不愛說話，或說話緊張，甚至聽你講話時漫不經心，你就應該意識到，你是否犯了「不耐心傾聽孩子說話」的毛病？你必須馬上改變自己。

當你的孩子長大成人，像山一樣站在你的面前，你需要仰視他時，他仍然會習慣地俯下身來，像小時候你對他那樣的聽你說話，跟你談心。那時，年邁的你，會從內心裏感到做父母的寬慰和滿足。

孩子是父母的一面鏡子，父母要注意自己的行爲，給孩子以表率。另外，不要過分溺愛孩子，要尊重孩子，正確評價孩子，爲孩子營造良好的精神環境，使孩子從小就能

體會到人與人之間細膩的情感。細膩的情感是愛、相互體貼、相互關心和一種同理心。學會傾聽孩子的內心世界是對他們的鼓勵，讓他們體會到父母默默的關心和體貼。

面對孩子講話，我們不需要言語，傾聽就已經足夠了。傾聽他說了無數遍的陳年舊事，傾聽他重覆再三的叮嚀囑咐。不要不耐煩，靜靜的傾聽，聽他說完，面對孩子的嘮叨、埋怨，我們理應微笑著傾聽。因爲他們要把對你的愛、對生活點點滴滴的感受都與你分享。溫暖的燈光下、搖曳的燭光中，凝視他們的眼睛，用愛心傾聽他們的心聲。讓愛意在你暖暖的注視裏彌漫開來，讓所有的不愉快煙消雲散，讓快樂在他們的心頭永駐。

面對孩子的傾訴，他們的喜悅、憂傷和細細密密的心事，有時我們也許不必發表意見，也許他需要的就是一個聽衆。他只是想把自己心裏的委屈和快樂倒出來，我們安靜地傾聽，對他來說就是最好的安慰和鼓勵了。用我們關注的眼神告訴他，我們在傾聽，傾聽他內心的獨白，傾聽他狂熱的愛戀，傾聽他失意的悲傷。用傾聽告訴他，我們是心靈相通的朋友！

面對孩子的撒嬌、抱怨、青春期的騷動，傾聽就是父母對他們最大的尊重。千萬不要輕視孩子的表露，我們應該耐心傾聽他們的內心世界。用傾聽贏得他們的信任和純眞的愛，用傾聽鼓勵他們把自己的想法說出來。和孩子們在一起，聽他們說比說給他們聽更重要。瞭解孩子就是從傾聽開始的，和孩子們做好朋友，就要首先學會傾聽他們。

25．從傾聽中認識孩子的朋友

朋友，是人一生中最爲寶貴的精神財富。朋友，這個非血緣關係和親情的群體，是人們生活中不可忽視的重要環節。交什麼樣的朋友會影響孩子的一生，因此父母應該學會認識孩子的朋友。而要怎麼認識孩子的朋友呢？傾聽就是一個很好的方法。父母可以透過傾聽孩子的學校生活，瞭解他的朋友。

傾聽，是走進孩子世界的最好方法。認眞傾聽孩子的心聲，熟悉他們的情況。例如，孩子悄悄對媽媽說：「我今天在幼稚園和小朋友們一起玩捉迷藏……」「今天中午我和小朋友們吃包子的時候……」，這時，我們就可以順著他們的話意問一些有關他與小朋友的玩樂，從中認識孩子的朋友。

不要在孩子面前老是叮嚀「交友要小心」，只要讓孩子把朋友帶回來，自己花些時間、心思去認識孩子的朋友。

惟有認識孩子的朋友，才能瞭解哪些朋友可以繼續交往，哪些朋友不可以深交，哪些朋友不能夠再來往了。然後理智、妥善地和孩子討論。

孩子一旦入學，極有可能交上父母並不喜歡但又無法控制的朋友。有時他們把這種朋友關係看得比親子關係還重要。因此要使孩子與壞朋友決裂，家長必須作好充分的心理準備，採取恰當的手段，如介紹規矩的新朋友，開展有益活動，甚至轉學。

對於孩子所交朋友一定要慎重，不良的交友對孩子的成長是十分不利的。雖然我們不能把不良交友視同違法犯罪，但決不能忽視由於不良交友而導致的違法犯罪。因此，家庭、學校、社會必須採取有效措施來防止青少年的不良交友。

蘇格拉底有句名言：「告訴我誰是你的朋友，我就能說出你是什麼樣的人。」家長、老師要瞭解孩子們的夥伴，關注他們與同齡青少年的交往，做他們的良師益友，讓他們在良好的友朋關係中健康成長。

朋友的力量在人的一生當中是十分巨大的，爲了使孩子能夠擁有自己眞正的朋友，下面是幾點建議。

一、幫助孩子去尋找眞正的朋友。如果孩子已經交了朋友，父母要及時給以強化，比如對孩子說：「你有了自己的朋友，很好。你們應該互相關心，互相幫助。」或者說：「我很想見見你的朋友，你看可以嗎？」如果孩子還沒有朋友，則應積極幫孩子尋找。比如讓孩子與家附近的小朋友一起玩，與同事或同學的孩子一起玩，最好是同齡、

近齡的。適時與孩子討論他們交往的情況，幫助孩子做出選擇。幫孩子選擇小朋友時應該注意兩點。一是能夠合得來，二是能夠優勢互補，孩子們的優點在互動過程中強化、發展，孩子們的缺點在互動過程中逐漸修正。還可以利用假日，與孩子朋友的家長約好，帶孩子一起出去旅遊，營造孩子之間的交往機會。這種方法很有效，家長帶動孩子交朋友。此外，親戚的孩子之間更容易來往，應充分利用。

二、歡迎孩子的朋友到家裏來。大人對孩子的朋友要當自己的朋友一樣，採取熱情歡迎的態度。當小朋友來家裏時，家長應該說：「我們家來朋友啦，歡迎歡迎。」而且要讓孩子認眞接待一番。一旦孩子們自己玩起來，家長就可以退居「二線」了。孩子們時間觀念不強，要適時提醒，提醒的方式要注意：「時間不早了，是不是約定下次來玩的時間，你們商量一下，好嗎？」

三、給孩子具體指導。孩子畢竟是孩子，與小朋友交往中難免出現各種各樣的問題，應該細心觀察，給予指導。孩子們之間出現摩擦或者裂痕，家長應該瞭解原因，做出分析，指導孩子化解問題。孩子們在一起時間過長，影響了學業，應跟孩子們一起討論，讓孩子們認清利弊，主動採取措施。幾個孩子在一起，往往有一個自然形成的「頭兒」，做好「頭兒」的工作很重要。

四、與孩子朋友的父母主動來往，共同指導孩子、帶動孩子。這一點很重要。孩子成了朋友，家長都有來往的需要，以形成良好的共識。

26．聽孩子說完他的理由，切忌發火

莎莎的父親堅持要她跟家裏人一起去觀看她弟弟的橄欖球比賽，而她對橄欖球不感興趣，因此拒絕了。她的父親爲此十分生氣，威脅著要斷絕她的零花錢，莎莎覺得自己受到傷害，便生氣地衝出家門，感到父親不再愛她了。父親平靜下來之後，發現自己只是一味的想要一家人愉快同行，卻沒有尊重他女兒的想法。莎莎回來後，他向莎莎道了歉，承認讓她和家人一起觀看一場可能讓她不高興的比賽是沒有任何道理的。他同時也意識到，如果莎莎最後被逼著去了，她肯定會讓其他人都無法安心欣賞橄欖球比賽的。

許多父母一廂情願的策劃家庭活動，卻因爲孩子不領情而鬧得不開心。父母需要謹愼選擇哪些家庭活動是必須讓孩子參加的，讓孩子覺得無助、充滿怨恨，對父母也沒有任何益處，只會受罪於一個沈默的、生氣的、不開心的孩子……

教育家蘇霍姆林斯基在一所鄉村中學擔任校長的時候，曾經記下這樣一則眞實故事。校園的花房裏開出一朵非常大的玫瑰花，每天都有許多學生來觀賞。這天早晨，蘇霍姆林斯基在校園裏散步，看到幼稚園的一個四歲女孩在花房裏摘下了那朵玫瑰，抓在

手中，從容地往外走。蘇霍姆林斯基很想知道這個小女孩爲什麼要摘花，他彎下腰，親切地問：「孩子，妳摘這朵花要送給誰，能告訴我嗎？」小女孩害羞地說：「奶奶病得很重，我告訴她學校裏有這樣一朵大玫瑰花，奶奶不相信。我現在摘下來想送給她看，看過了我就把花送回來。」聽了孩子天眞的回答，蘇霍姆林斯基的心顫動了。他牽著小女孩的手，從花房裏又摘下兩朵大玫瑰花，對孩子說：「這一朵是送給妳的，妳是個懂得愛的孩子，這一朵是送給奶奶的，感謝她養育了妳這樣一個懂事的好孩子。」

蘇霍姆林斯基沒有不容分地說大聲喝斥小女孩，而是在耐心傾聽了孩子的解釋之後，使這位小女孩的心靈沐浴到了愛的陽光。要懂得聽完孩子爲自己的行爲所做出的解釋，而不是不容其說地搶先打斷孩子的話。

每個人都盼望別人尊重自己，孩子也不例外，父母只有尊重孩子，所說的話才會發生效應，何況在許多爭論中，孩子往往是站在眞理的一邊。

「十年樹木，百年樹人」，植物的生長有其自然規律，需要耐心等待生根、發芽、開花、結果的漫長過程，更何況是育人這長期、系統、複雜的過程，更需要我們懷有一顆愛心，耐心等待。

美國名主持人林克萊特有一天訪問一名小朋友：「你長大後想當什麼呀？」小朋友

天眞地回答：「嗯，我要當飛機駕駛員！」林克萊特接著問：「如果有一天，你的飛機飛到太平洋上空，所有引擎都熄火了，你會怎麼辦？」小朋友想了想：「我先告訴飛機上的人綁好安全帶，然後我會背上我的降落傘，先跳下去。」現場觀衆立刻笑得東倒西歪，只有林克萊特繼續注視著這孩子。沒想到孩子的兩行熱淚奪眶而出，林克萊特感到不尋常，於是問他：「爲什麼要這麼做？」小孩的回答透露出一個孩子眞摯的想法：「我要去拿燃料，我還要回來！我還要回來！」主持人林克萊特的與衆不同之處，在於他能夠讓孩子把話說完，並且在現場的觀衆笑得東倒西歪時，仍然保持傾聽者應該具有的親切、平和、耐心。正是這份親切、平和、耐心，讓林克萊特聽到了這名小朋友最善良、最純眞的心語。

27．讓孩子自由表達思想

身爲父母要准許孩子自由表達思想，遇到不同意見的時候，要給孩子說話的權利，在平等的討論中尋找共同點，一定要多給孩子表達自己想法的機會。

有些父母就做得很好，明知道孩子要什麼，卻故意裝作不知道，非要孩子明白清楚地表達出來。比如，孩子指著一個玩具看著你，你不要馬上就說：「你是要這個小汽車吧？」而應該先問他：「這是什麼？」他要是回答說「是車車」，你可以再問：「你要什麼？」那麼他就知道要明白地告訴你：「我要車車。」要是孩子並不知道他要的是什麼，你可以先教給他這件物品的名稱，然後進行類似上面的對話。這樣次數多了，當他需要一件東西的時候，就自然會開口表達了。

父母一定要做到讓孩子把心中想要說的意思自己用話完整表達出來，哪怕多花一點時間和精力，也要讓那句話實實在在從他自己口中說出來。

孩子的記憶力都是很強的，尤其是處於模仿階段的孩子。你教給他的語句，他會記在心裏，等到需要的時候，他會主動地套用格式。另外，要是你希望孩子的思維能力得

到更好的發展，可以教孩子對同一個意思用不同的句子來表達。這是個鍛煉孩子表達和思考能力的好方法。

不少孩子說：「每當我和爸爸的意見不一致時，他都以勢壓人，不讓我說話，有的批評根本不是那麼回事。」家長不允許孩子發表自己的意見，也不調查問題的來龍去脈，而是一味地大發脾氣，這種做法是違背教育宗旨的。

兒童的身體、智力發育還不夠成熟，有許多不同於成人的特點，因此更需要父母的理解。可有些家長忽視了兒童的這些特點，常常不自覺地用成人的行爲標準要求孩子，最終會對孩子造成傷害。

准許孩子自由表達思想，遇到不同的意見，要給孩子說話的權利，不要主觀地認爲孩子幼稚可笑，不懂道理，沒有人生閱歷。父母親應該與孩子在平等的討論中尋找共同點。只有學會傾聽的父母，才能讓孩子多說，也才能做到與孩子的心靈眞正的溝通。

我們常常可以看到，孩子把新玩具能拆開的地方都給拆開，他想知道裏面的秘密，這正是兒童的好奇心所致。好奇心是兒童獲取知識的內在動力，家長對此應正確理解，不要只會粗暴地制止孩子。再如，兒童由於理解能力尙淺，常常不能理解家長的教導。家長用反語說：「你就這樣做吧！」「你就淘氣吧！」可孩子不能理解大人語氣裏的含義，誤以爲是一種鼓勵。因此家長對不同年齡的孩子說話時，應考慮孩子的理解能力。缺乏對孩子眞正理解的愛是一種盲目的愛，只有理解孩子，讓孩子自由表達自己的思想，才能正確愛護孩子、教育孩子。

28．聽懂孩子話中的真正意義

一個十歲的孩子問他爸爸：「在哈萊姆，有多少孩子被拋棄？」這個孩子的父親是一個律師，他很高興看到兒子對社會問題感興趣，於是就這個問題發表了長長的演說，然後又去查了資料。孩子還是不滿意，繼續問同樣的問題：「在紐約被拋棄的孩子有多少？美國呢？全世界呢？」最後，他的爸爸終於明白了，他的兒子並不是關心社會問題，他關心的是個人問題。孩子問這些問題並不是出於同情被遺棄的孩子，而是擔心自己被遺棄。他並不是眞的想知道究竟有多少孩子被遺棄，而是想確認他不會被遺棄。

最後，爸爸鄭重回答道：「你是擔心爸媽可能會像其他父母那樣拋棄你嗎？我向你保證我們永遠也不會拋棄你，如果你還是爲此感到煩惱，那麼現在就告訴我，怎樣才能夠幫助你消除這樣的擔心？」

父母與孩子的對話是一門有規則可循的藝術。孩子在交談時大部分時候都是無意識的，因此他們的資訊裏經常有需要解讀的密碼。

西希五歲的時候，第一次去幼稚園，她看著牆上的畫，大聲問道：「誰畫了這麼難看的畫？」西希的媽媽感到十分尷尬，她不滿地看著女兒，趕緊告訴她：「把這些漂亮的畫說成難看是很不好的。」一個聽懂西希問題的老師笑著說：「在這兒，妳沒有必要非得畫漂亮的畫不可，如果妳喜歡，妳也可以畫醜醜的畫。」西希的臉上馬上露出燦爛的笑容，現在她已經得到了自己眞正想要的答案——如果一個女孩畫的圖畫不好看會怎麼樣呢？接下來，西希拿起一個壞了的玩具消防車，自以爲是地問道：「誰弄壞了這輛消防車？」她的媽媽回答說：「誰弄壞了它跟妳有什麼關係呢？這兒妳誰都不認識啊！」事實上，西希並不是眞的對誰的名字感興趣，而是想知道弄壞玩具的孩子會有什麼後果。在理解這個問題之後，老師給了一個適當的答覆：「玩具就是拿來玩的，有時候它們會壞，就是這樣。」西希聽完十分的滿意。她「面談」的技巧讓她得到了必要的資訊：這個大人很好，即使畫畫得難看，即使玩具弄壞了，她也不會馬上生氣，我不需要害怕，待在這裏很安全。西希和她的媽媽揮手告別，走到老師身邊，開始了她在幼稚園生活的第一天。

孩子如果問你「我是從哪兒來的」，你不要置之不理，但也不要嘮嘮叨叨說一大堆。因爲這時候的孩子完全聽不懂你說的那麼多話，除非你有把握讓孩子明白，否則倒不如來點幽默。

孩子講話時，常常帶有主觀性，感情色彩濃厚，特別是年齡小的孩子辭彙不豐富、邏輯能力不強，所以父母一定要用心去聽孩子說話。一方面聽明白孩子想要表達的內容，瞭解孩子的眞實意圖；另一方面也尋找父母自己想瞭解的其他資訊。在與孩子，尤其是年齡較小的孩子談話時，家長應盡可能地從孩子的角度去理解孩子的語言，這樣你才會聽出弦外之音，眞正瞭解孩子。

剛滿四周歲的湯姆是個既懂事又乖巧的小男孩，然而每當家裏來了客人，小湯姆就一反常態。比如，在他姐姐瑪麗的生日宴會上，當客人們紛紛向瑪麗送上鮮花、糖果、玩具等生日禮品時，他故意大喊「我肚子痛死了」，還在地板上打起滾來！又有一次在爲奶奶舉辦的壽筵上，他居然宣佈自己不吃那些他稱之爲「髒東西」的牛排，鬧得客人們也不歡而散。

兒童心理學家認爲，這種「人來瘋」有別於一些孩子每每見到人多時的瞎胡鬧、亂起哄，是某些孩子對自己不受關注的反抗。其「潛在的心語」可能是：如果大家還不把我當一回事，那麼我還會鬧得更凶！

幼兒想要受到成人的關注不僅是他們的生理需要和安全需要，更是他們不可或缺的心理需要和情感需要。在一般情況下，他們會採用自我表現等積極方式來引起大人的關

注，他們迫切希望大人認可和稱讚自己，並從中獲取寶貴的自尊和自信。然而一旦他們發現自己不受關注時，就可能會產生自卑或微不足道等負面感覺，進而做出一些在大人看來異常「怪誕」的舉動，如假裝生病、拒絕吃飯等。他們之所以如此，其實只是想表達自己的需要，目的是給大人發出這樣的「信號」——我不想受到冷落（儘管大人們並沒有冷落他）。

幼兒渴望受到大人的關注，說到底就是渴望受到大人的尊重。這一渴望是否得到滿足，對孩子建立和發展自我、塑造完整人格具有重要意義。然而尚處於幼兒期的孩子因心智水準所限，這種微妙的心理渴望往往就難以像其他生理渴望那樣明白無誤地展現出來，於是他們轉而採用一種較爲「隱諱」的手段。因此對大人們來說，悟出其「言外之義」，聽出其「弦外之音」，識別出其「眞情實意」，無疑是十分重要的。

第四章

理解信任你的孩子

孩子是一本豐富的書，需要父母認真去研究，用心地解讀。理解是打開孩子心靈的一把金鑰匙。理解、信任是你對孩子最好的教育，他們的笑容就是對我們最大的回報，也是有效溝通的標誌。

29・理解是雙向的

一位剛上國中的孩子因爲父母極力反對他上網，因此他每日怒目相對，平時根本就不與父母進行溝通。當別人問起他的時候，他就抱怨：「父母太過分，整天嘮叨，根本不理解我！」「那你理解他們嗎？」他當場啞口無言了。他從來沒有想過這個問題，只想著父母應該怎樣理解他。

「媽媽是沒事找你麻煩，故意說你嗎？」

孩子：「不是，管我上網是爲我好。」

「爲你好，你就接受嘛，你會有什麼損失嗎？」

孩子：「其實每次頂嘴後，我也蠻後悔，想說長大以後再回報他們。」

「爲什麼要等長大後再回報？現在就行動！一定要學會愛自己的父母，向母親說聲對不起。」他經過一番努力思考之後，當即向在場的媽媽說了一聲：「媽媽，對不起。」

他母親感動得熱淚盈眶，這是十幾年來，孩子第一次向她道歉。有了與父母的溝通，他轉變很大，現在已戒掉網癮，開始補習功課。

你給孩子的一切並不一定是他需要的。

很多父母的教育方法就是斥責：「父母爲你付出很多，是爲了什麼？你不學好，像話嗎？」教育工作要水到渠成，嚴厲的斥責解決不了問題。父母經常反映孩子對自己的態度不好，做家長的態度又如何呢？

父母要多理解孩子，用正確的方法引導孩子，當然，孩子也有責任，因爲理解是雙向的。

一個三歲的孩子雙眸中盛滿期盼地說：「媽媽，妳念書給我聽，好嗎？」另一個幼童以渴望的口氣說：「爸爸，你陪我玩，好嗎？」還有一個才學會講話的孩子惹人憐愛地懇求說：「奶奶，唱歌給我聽，好嗎？」

以上是來自南加州華語電視頻道上經常出現的一則公益廣告。這則廣告的根本用意講的是：孩子五歲前，家長願意花更多的時間與他們相處，對於他們的身心發展是十分重要的。

讓人感歎的是，絕大部分華人父母一心望子成龍、望女成鳳，以爲拼命安排學科和才藝補習，就是關心孩子。到最後，孩子往往不能夠瞭解和感激父母的一片苦心，反而

以叛逆回應，以至於親子之間的緊張衝突與日俱增。

陪孩子看電視、玩遊戲、做功課時，大人也可拿本書在旁邊讀，在你陪伴的過程中，孩子可以得到更多安全感，感受到父母無條件的愛。

理解是雙向的。被他人理解，意味著受到他人的關注，與他人之間達到心靈溝通，從而產生一種「遇到自己人」的感覺。

而這是單靠一方的努力不可能實現的，在呼喚別人理解我們的同時，我們首先得嘗試著去理解孩子。只有理解孩子，才能得到孩子的理解。

30·原諒孩子所犯的錯

著名的哲學家盧梭說：「孩子的錯誤，上帝都會原諒的。」願每一位家長都能夠記住這句話，敢於接納孩子的缺點、原諒孩子所犯的錯誤。孩子還小，應該讓孩子意識到自己的錯誤，再原諒孩子的錯誤。多一些引導，多一些寬容，多一些等待與理解。

日常生活中，家長常常因爲孩子做錯一點小事就大喊大叫，一點情面也沒有留給孩子。

孩子的錯誤大凡可分爲兩種，一種是長輩必須予以立即糾正的，如亂丟垃圾、不講整潔、欺侮弱小等，一旦放任，以後就難以收拾。而另一種是孩子能夠自行糾正的，主要是學習，從犯錯的過程中不斷改正錯誤、自我完善。假如不給予這類機會，輕易地幫他「打開門」，非但剝奪了孩子尋求正確「開門」方法的樂趣，也會使他們變得懶於動手、疏於嘗試、習慣依賴父母。

有一個小孩因好奇心發作，想「鑒定」一下瓷碗究竟會不會破碎，竟當著父母的面

拿了一個往地上摔。面對滿地的碎片，他自知犯了「錯誤」，以為將遭受父母的訓斥和懲罰。但他的父母最後只是要他自己掃去碎片，讓他記住瓷器易碎的常識。後來兒子從易碎的瓷器延伸聯想到同樣易碎的玻璃杯、鏡子、瓶子、眼鏡等，自覺地學會保護和使用這類物品。孩子是一個處在成長發展中的人，獨立自主的活動有助於他的成長。而父母要做的是如何將孩子「犯錯」過程中的不利、消極因素轉化為有利的、積極的、合理的因素，多給孩子「嘗試——錯誤——完善」的機會。

一位從德國留學回來的女士談及親身經歷過的一件事，頗能給人們啟示。

一個星期天，她領著六歲的女兒去公園遊玩，女兒用一架紙飛機與一個德國小朋友交換一輛玩具小汽車。這件事使母親非常的驚訝，因為那紙飛機頂多也就只值五美分，而那輛小汽車少說也值二十美元。起初，她還以為是孩子在說謊，但找到那小汽車的主人——德國小孩和他的媽媽時，這位小孩的媽媽說：「孩子是小汽車的主人，該由孩子做主。」還說：「你女兒喜歡，小汽車就歸她了。等一下我會帶孩子去玩具店，讓他知道那輛小汽車的價值是多少，能買多少架紙飛機，這樣他就不會再做類似這樣的事了。」

這位德國家長能尊重孩子的權利，在孩子做錯事的情況下，不只是一味地批評孩

子，而是採取有效措施，及時對孩子循循善誘。

人類的發展過程中離不開學習，而學習過程向來就是「錯誤——學習——嘗試——糾正」不斷往復的過程，所謂「失敗是成功之母」說的就是這個道理。然而讓人感到遺憾的是，絕大多數父母往往將這個道理給忘卻了，不給孩子犯錯的機會，要求孩子百分之百正確。這對孩子而言是極不公平的。孩子之所以是孩子，是因爲各方面還沒有成熟，所以父母應該允許孩子犯錯誤。父母要解決的問題是：孩子犯了錯誤之後該如何辦？前面講述的這位德國家長爲孩子創造了很好的情境，讓孩子在實踐中直接發現自己的錯誤，從而在深切的情緒體驗裡自我修正，這種讓孩子從錯誤中學習的做法是非常值得其他家長借鑑的。

我們每個人小時候都犯過錯，孩子的錯誤並不是不可原諒的，我們要給他們足夠的尊重和理解。對於孩子，我們要去引導他成長，而不是去代替他成長。孩子的心靈是最純眞的，不要用我們大人的眼光去委屈孩子。他並不知道自己在做錯事，你可以說給他聽，但是不要代替他做決定，強行壓制只會適得其反！

31．多給孩子真正屬於自己的空間

有這樣一幅漫畫：一隻鱷魚媽媽太愛護牠的蛋寶寶了，以致於每天都把自己的蛋寶寶含在嘴裏，蛋寶寶的爸爸怕母鱷魚不小心把孩子吞下去，就用棍子把母鱷魚的嘴撐開，要給孩子一點自由活動的空間。這幅畫引起了眾多人的深思，母愛是幸福的源頭，母愛是甜蜜的，可是不給孩子留一份屬於自由空間的母愛會讓人感到窒息。

這幅漫畫使許多人想到這樣一個故事：聖母瑪利亞從一對貧窮的夫婦手裏領走了他們的小女孩，她把小女孩帶到天堂，給小女孩好吃的、好穿的、好玩的，讓小女孩充分感受到了人世間母愛的溫馨和甜蜜。有一次聖母出遠門，臨走時交給小女孩十三把鑰匙，並吩咐女孩千萬不可以打開第十三道門。然而，對這個神奇世界充滿了好奇是孩子的天性，探索自己感興趣的未知領域更是孩子自由空間的一部分。小女孩由於按捺不住自己內心的好奇與衝動，最終還是把第十三道門打開了。

有不少父母承認自己在孩子心目中的形象就是警察，稍微寬鬆一點的，也是「裁判」和「嚴師」；有些家長到了與孩子「同進同出」的地步，盯住孩子的一舉一動。

大多數父母和孩子之間都或多或少存在著溝通不暢的問題，相互之間的理解不夠，同時還存在著認知上的巨大差異。在家裏，每個家長都會自覺或不自覺地把「用功讀書」作爲中心，千言萬語濃縮成一句話，那就是「好好讀書，考上好學校」，其他幾乎無話可說，而孩子們也不願意跟父母訴說心事，父母和孩子之間成了這樣的「契約關係」，即我給你吃、給你穿，滿足你的一切需要，但你要給我好好讀書，爭口氣，上大學。一旦孩子「失約」，父母就會「翻臉不認人」，非打即罵，或到處訴苦。對於這樣的親子關係，如何能夠讓孩子眞正體會與父母之間的親情呢？

日本父母教育孩子有句名言：「除了陽光和空氣是大自然的賜予之外，其他一切都要透過勞動來獲得。」然而，很多家長都把孩子管得這樣緊，而且還只關注孩子的功課，導致孩子的其他社會能力不得發展。結果，孩子上了大學仍然不能夠自理生活起居，難道這就是父母對孩子應有的教育嗎？

只有眞正把屬於孩子的空間還給他們，讓他們從單一的學習中解放出來，讓他們的生活變得豐富多彩，成爲自己的主人，他們才能夠獲得眞正的成長。

「看看你，又把這兒弄得亂七八糟！」「哎呀！這個不是這麼玩的，你要這麼玩！」家長們可想過，生活在現代社會裏，孩子的玩具不論是從顏色、形狀還是類別上

來看，都是五花八門、千奇百怪的，廠商爲了體現玩具的物超所值，常常還會在說明書上高談闊論一番。家長外行而信以爲眞，將它買回送給自己的baby。孩子剛拿到新奇的東西，不會先拿起說明書來看怎麼玩，而是開始擺弄，家長看著這些昂貴的玩具被孩子擺弄得亂七八糟，必定心急如焚，著急地教孩子如何如何的玩。

想一想，孩子做錯了嗎？沒有。家長希望孩子多思考，但孩子在拿到玩具的一剎那就已經在思考了，只是孩子與玩具之間也需要磨合，不論玩法是否按照你的意思，只要孩子能從中發現點什麼，父母就應該給予肯定。玩具是送給孩子的，就讓孩子眞正地擁有它，給他們更多的思考空間，說不定父母會收到更多的驚喜。

32・刨根問底就是錯？

很多父母認爲，孩子在自己眼裏應像透明人一樣，沒有任何隱私可言。而實際上，每個人心中都有不願告訴他人的秘密，孩子也不例外。

孩子有了隱私，許多做父母的總是千方百計去偵察，如翻抽屜看日記、拆信件，甚至打罵訓斥。殊不知這種做法會傷害孩子的自尊心，造成孩子沈重的精神壓力，甚至產生敵意和反彈，而採取全方位的資訊封鎖和防備措施，必定會導致父母與孩子關係惡化。

如果把自尊心比喻爲花瓶，那麼隱私就是瓶上的細小裂紋，做父母的更應該細心保護好這個花瓶。隨便暴露孩子的隱私，甚至當衆宣揚，無異於敲打這個有裂紋的花瓶，讓孩子無地自容，把孩子的自尊心敲碎。

孩子的隱私常被侵犯，家長又不善於補救的話，必然會加劇孩子對父母的反感。一旦形成了隔閡，再想與孩子進行心貼心的交流就困難了。有人問：「照這麼說，豈不是一切由著孩子，孩子的私事都不能過問了。」當然不是。和孩子談隱私要注意方法，因

爲隱私是可以轉化的，不信任你時是隱私，信任你了就可以不是隱私。

理智的做法是尊重孩子的隱私權，也就是尊重孩子的人格。給他們一個自由的空間，但並非放任。對孩子的隱私要給予充分的關注，積極的引導。

首先，主動以平等的態度與孩子多交談，談父母在與他同齡時的所思所想、成功和挫折，甚至談一些當初的隱私，談自己對事物的看法，傾聽和徵求孩子的意見，使自己成爲孩子可以信賴的朋友。一段時間後，孩子會願意把自己心中的秘密告訴父母，這樣才能瞭解和掌握孩子的隱私，給予必要的指點和教育。

其次，父母要培養孩子的自我教育能力。孩子的隱私，即使有些越軌和不良，也不必大驚失色、毆打辱罵，可以與孩子一起討論理想、事業、道德、人生觀、價值觀等，引導孩子自己悟出爲人處世的眞理，提高孩子按規範自我調整行爲的能力。有了這種自我教育能力，一些隱私中的危險傾向都有可能自我解決。

孩子都希望自己在某一領域裏不受外界干預，這正是孩子自信心的一種表現。做錯了事，想偷偷改；功課落後了，想暗自追上去，這也正是不喪失自信心的表現。父母如果輕易破壞他們的自我期望，侵犯他們這方面的隱私，就會在無意中打擊了他們的自信心。

日記也是孩子最大的隱私，因此有些父母千方百計想透過日記看看孩子到底在想什麼。日記是孩子日常的一種自省方式，家長偷看孩子的日記，又把日記的內容宣揚出去，不僅不尊重孩子的隱私，更會大大削弱他們的自省能力，妨礙孩子健康成長。

家長要爭取孩子信任自己，不妨試著從日常生活中的點滴做起：培養孩子與父母交流感情的習慣；兌現對孩子的承諾，不能兌現時也得說清緣由，取得孩子的諒解；承諾爲孩子保守秘密，父母一定要守信，需要揭秘時應動員孩子自己揭，而不是由家長代辦。

毫無疑問，保護孩子的「私密」是對孩子的基本尊重，父母也會從這裏贏得孩子的敬重和愛戴。

33．尊重孩子的愛好

人各有興趣與喜愛，不能勉強，也不應勉強。

偏偏就是有不少父母粗暴地強制孩子放棄興趣愛好，要孩子去做他們根本就不感興趣的事情。這一類家長的做法是極不明智的。只要孩子的興趣愛好沒有不良，我們就要加以保護。因爲孩子的興趣愛好是引導他獲取知識、培養能力、開發智力的有利條件。

某個班上有兩個同學都十分喜歡小汽車，他們經常利用課餘時間玩一些汽車模型或者看相關的書籍。他們的父母對此的看法卻截然相反。

一位家長的處理方法簡單又粗暴，總覺得孩子玩汽車模型會影響到課業，只要發現孩子書包裏有汽車模型就統統扔到地上踩碎。到最後，孩子表面上看起來是聽話了，實際上只是由公開轉入了「地下」，家裏不玩，就在學校裏玩，甚至上課時也玩。最後，孩子無心聽課，無心做作業，學習成績明顯下滑。

另一位家長的處理方法就遠比這位家長明智得多，他不但不反對，反而加強培養孩子這一愛好。不僅給孩子買汽車模型和畫冊，而且經常帶孩子去參觀車展，並因勢利導地對孩子說：「製造高品質汽車需要許多先進的科學技術，你現在愛好汽車模型，將來立志做一名汽車設計師。要實現這個目標，就必須努力學習。可你現在做作業總是馬馬虎虎，計算又不仔細，將來怎麼能實現目標呢？」在家長的引導下，這位孩子變得奮發用功。

以上兩種截然不同的教育方法，必然引來兩種迥然不同的教育效果，前一種結果顯然是所有「望子成龍」的家長都不願看到的。由此可以看出，對於孩子的興趣愛好，父母不能粗暴地加以阻止，這樣做非但收不到效果，反而會使親子漸行漸遠。家長首先應該幫助孩子分析其利弊，若是積極有益的，就應主動加以引導，並讓孩子懂得只有認眞學習，才能發展自己的興趣愛好，做自己想做的事。只要父母引導得當，孩子的課餘愛好將不失爲幫助他們開拓眼界、提高學習能力的有效途徑。

當今歌唱選秀節目流行，孩子放學回來常偷偷地在自己的房間裏放他們向同學借來的ＣＤ。那些流行歌曲他們可能聽得入迷，認爲夠味，夠刺激。而父母聽了只覺得刺耳，於是會出來干預：「哪兒弄來的這些難聽的ＣＤ，這哪是什麼唱歌……」如果是小學生聽到父母這樣的指責，有的可能不敢反駁，但有的可能就會與父母爭吵。而比較軟弱的孩子，聽到父母把自己喜愛的東西評價得這麼低，甚至會感到洩氣或絕望。因爲這

個時期的孩子才剛學會自己判斷，一旦自己的愛好被父母否定，會馬上失去信心。

父母首先要承認每個人應該具有個人喜愛與興趣，其次就是尊重個人的喜愛和興趣。髮型、服裝只要不是極爲怪異，音樂不是下流低級，就應該允許孩子自己選擇，父母還可以運用適當的方法加以引導，從而培養孩子高尚的趣味和情操。

尊重孩子的興趣愛好、尊重孩子的實際能力和獨立人格，給予孩子自主活動、自主決定的機會和權利，能使親子之間更加理解和親近。

眾所周知，愛迪生小的時候十分淘氣，他之所以能夠成爲世界著名的大發明家，關鍵在於他的母親尊重孩子的個別差異，並給予正確的引導。

不要看人家的孩子學鋼琴，也叫自己的孩子去學，每個孩子都有自己的興趣愛好，我們應當揚其所長，避其所短，尊重差異，這樣才能讓每一個孩子都得到應有的發展。

著名作家老舍的長子舒乙在回憶自己的童年時，說過這樣一件事：

十一歲時，隨母親從南方到北京看望父親。下火車時，父親並沒有像別人那樣去擁抱自己久別的兒子，而是大步迎上來，伸出手握住我的手說，「你好，舒乙！」就在那一刻，我才意識到自己已經長大了，在父親眼裏，自己已經是一個大人了。也就是從那一刻起，我開始嚴格要求自己，儘量做到自己能做的事情自己做，也學會了獨立思考問

題。在以後與父親相處的日子裏，遇到什麼事情，父親總是用討論的方式，徵求我們的意見。即使關係子女的前途大事，比如升學選擇志願，也是尊重孩子自己的選擇。

身爲文學大師的老舍先生，肯定希望自己的孩子繼承父業，走文學創作的道路，然而舒乙和姐姐偏偏選擇了理科。老舍先生尊重了他們的選擇，讓孩子都按自己的志願上了大學理科。

每一位父母都希望自己的孩子能夠學有所得，學有所成。這本是無可厚非，但如果家長把自己的意願強加於孩子，結果就必然會與原來的願望背道而馳。因爲每一個孩子在自己成長的過程當中，伴隨著閱歷的增加，都會有自己的興趣愛好，進而形成自己的觀點，確立自己的人生目標。

俗話說，船家的孩子會浮水，就是說，孩子的成長與周圍的環境分不開。多數孩子會受到環境的熏陶而對其父母所從事的行業產生興趣，但是這種興趣是在長期接觸中形成的，倘若父母硬是將自己的意願直接嫁接給孩子，違背了孩子的意願，即使孩子一時順從，被動地去接受，也會產生反抗心理，學習上沒有動力，也不會取得好成績。所以做家長的要學會尊重自己孩子的愛好，爲孩子創造一個自由發展的良好空間。

34．正確對待孩子的感情問題

青少年的感情問題非常普遍。特別是國三、高三的學生由於功課壓力非常大，因此極容易透過尋求感情的安慰來緩解自己學習上的壓力，所以出現早戀的現象十分普遍。有一位擅長與孩子溝通的母親，對她那爲情所困的女兒說：「我很理解妳現在的心情，媽媽也有過青春期，有過這樣的經歷，而且甚至要崩潰了，但最後還是挺過來了呀。沒有什麼障礙是跨越不了的，現在想起那時候，儘管有很多苦惱，卻是一個值得回憶的時代。現在的妳可能比媽媽當初更累，但妳可以把這當作是成長過程中的一種體驗。」

孩子逐漸懂事，他的心理也會變得複雜起來。身爲父母，你是否瞭解自己孩子的性格、喜好、品德、才能、天賦？是否瞭解他的學習情況？是否明白你自己在孩子心目中的形象？如果連這些最基本的你都不清楚，那麼就不要對孩子說「我理解你……」否則，你錯誤的理解必定會讓孩子反感。

對孩子的理解，就是對他心情上的感同身受，想像你處在他的位置，回想你在他這

麼大的時候是什麼樣。能夠做到這一點，才眞的可以說你進入到孩子的世界。

父母在遇到孩子談戀愛時一定要冷靜，無論孩子到了何種地步，父母在對孩子講話的時候一定要講求談話的藝術，採取尊重、寬容、平等的方式，與孩子進行理性的溝通。

小雪是個活潑的中學生，由於性格使然，她和男同學的來往多。在最近的母姊會上，老師反映小雪與某男同學來往比較頻繁，希望父母注意孩子。回到家裏，媽媽大聲訓斥小雪，絲毫不聽她解釋。小雪委屈得大哭一場，幾乎一夜沒睡。第二天由於精神不好，又被老師批評了一番。從此，原本活潑可愛的小雪變得越來越沈悶，學習成績也逐漸下滑，她的父母感到事態嚴重，帶小雪尋求心理諮商。

小雪的問題在中學生中有一定的代表性。老師一旦發現情況，傾向於及早通知家長，避免擔「失職」的責任。而家長對青春期孩子的心理發育特點和心理需求缺乏瞭解，加上「望子成龍，望女成鳳」的心理，只要看到自己的孩子和異性來往就如臨大敵，輕則旁敲側擊講談感情的危害，重則不分青紅皂白大力訓斥。

一旦老師或家長處理不當，就極容易使孩子走向兩個極端：一是由於反抗心理的作用，或賭氣、或證明自己有主見而「弄假成眞」，結果荒廢學業，甚至過早發生性行

為；二是出現社交退縮，不願與人來往，繼而出現情緒、睡眠等問題，學習成績下滑。如果不及時解決，嚴重的還會誘發精神疾病。

對待和人論及感情的孩子，父母千萬不要粗暴地干涉他們純真、朦朧的感情，用自己的思維方式來要求孩子，把雙向溝通變為父母單向的訓斥、辱罵，甚至毆打，這種粗暴的施教方法只會讓子女心生抗拒。家長應該尊重他們的感情，理解他們的感受，在互相尊重、平等的基礎上進行溝通，透過疏導、教育，讓子女「自我覺醒」，從而跳出感情的漩渦。

要讓孩子從小養成遇事樂意向父母訴說的習慣，這可以讓孩子覺得你能瞭解他們，能站在他們的立場上著想。做父母的一定要採取民主的教育方式，這樣你就能知道孩子真實的想法，而且培養孩子開朗的個性和創造能力。

對於「談戀愛」這個高度敏感、複雜的問題，父母應採取哪些態度和方法呢？以下建議供家長參考。

1．**轉變觀念**。不要把這種純潔的異性友情「污名化」，要設身處地去體驗他們的內心世界，體貼他們的需要，適時適度為他們講解性知識，使其由朦朧產生的神秘感、好奇心逐漸消退。

2．**尊重理解**。允許和鼓勵孩子與異性的正常交往。尊重他們的隱私，不要私拆他們的信件及偷看日記。要加強溝通，經常與他們交心，做孩子值得信賴的朋友。

3．**理性指導**。對孩子的盲目衝動心理，要給予指引。指導其正常交往，幫助他們理智地超越情感，培育高尚情操。

4．**豐富生活**。以豐富多彩的生活充實家庭，吸引孩子的注意力，讓他們在家中得到足夠的情感滿足，感到親情的溫馨。

5．**平靜對待**。一旦孩子真正嘗試談戀愛，切不要加以指責和辱罵。關鍵是不可激怒孩子，使其叛逆。處於人格形成過程中的孩子格外需要正向情感，父母應該和風細雨，幫助調整心態，以便輕鬆愉快地度過青春期。

35．期待要實際，要求要合理

我們喜歡說「兒童是國家未來的主人翁」，這僅僅是大人對孩子的期待，他們到底能不能擔當國家的未來，要看他們自己的造化，也要看長輩們如合正確地引導、要求、啓發、教育。

爸爸媽媽都希望自己的孩子將來能夠出人頭地，有高人一籌的優異表現與成就，因此容易對孩子產生過高的期望。給孩子太多期待其實是一種壓力，不少孩子甚至會因爲感覺自己達不到父母的期待而自覺沒有用，喪失了想要繼續努力學習的動機。

家長的期望過高，極容易對孩子喜怒失當，傷害孩子。逼子成龍釀成的悲劇，原因就在父母太計較眼前一時得失，太急功好利，而忽視了人才成長所必需的基本前提和要求。他們對孩子的調皮舉動過度責備，對孩子的行爲經常表示不滿，過於嚴厲，以至孩子總是小心翼翼，心情壓抑。而家庭裏的成人之間關係不和諧，特別是父母感情不和，更易使孩子情緒不安。

對孩子適度的期望當然是可以的，然而在給孩子期望時，必需注意下面幾項：

1．給孩子的期望宜在他努力的能力範圍內，不宜高出他的能力太多，也不能低於他的能力。譬如，孩子的智商一百一十，你可以給他一百二十到一百三十的作業，讓他接受挑戰，建立他對自我的信心；倘若只給他智商九十的工作，他會對學習失去興趣。

2．對於高難度的工作，你可以視孩子的能力，分成好幾個階段，每個階段的完成不妨給他一點間歇性的鼓勵。

3．不要隨便給孩子加上不雅或有損他自尊心的標簽，因爲這可能會對他造成一輩子的傷害。

4．不要因爲你過高的期望造成孩子太大的心理壓力，這樣會造成孩子的焦慮與挫折，甚至泯滅他原有的潛能。

還有一些父母根本不管自己孩子適不適合，也不管他們是不是喜歡，就把他們當作天才、神童般地送進各種兒童才藝班，約束了孩子的健康發展，使他們喪失童趣童眞，不能自由發揮個性，又使很多孩子對教育反感和厭惡，結果往往是天才沒有培養出來，而把能夠發揮出兒童個性的大好時機也白白失掉了。何況過早使孩子精於某一具體技藝，容易把孩子的前途局限在一個狹小的範圍內。奧維德說：「允許的事讓人無動於衷，禁止的事使人躍躍欲試。」強迫自己的孩子去做一些他們不喜歡、不願做的事情，

其最終的結果往往適得其反。

不少父母對孩子要求過高，用「分數」這把尺衡量孩子的成敗，對孩子要求很嚴，以金錢和物質作爲激勵孩子拼搏的靈丹妙方，只要功課好，什麼都依從。

父母要懂得怎樣愛孩子，成功的愛應該是「平等、尊重、溝通」，因材施教，以人格培養爲前提，讓孩子按合理的期望值努力奮鬥，先成人，再成才，最後成龍。家長憑主觀意志爲孩子設計人生的做法是不可取的。爸爸媽媽對孩子可以有期待，但必須在孩子實力可以承受的範圍內，等孩子達到第一步目標之後，再慢慢提升標準，這樣既能夠讓孩子有自信，又可以讓孩子的能力逐漸提升。

父母要經常幫助子女恰如其分地做出估計，既不要盲目樂觀，也不要低估，才能使子女處於自信而不自滿，自尊而不自負，自善而不自棄的心理。

時下一些年輕爸媽在孩子出世前就做好了種種計劃，對孩子提出太多要求，希望自己的孩子比別的孩子表現特別，給孩子帶來很大壓力，甚至使許多小孩有心事不告訴父母。他們可能年紀太小，無法表達出自己的不滿，或是對大人不信任，不把心事向他們傾吐。

俗語說「小時是個寶，長大是棵草」，對孩子的期望過高，孩子的成長過程對父母

來說就成爲一個失望的過程，對孩子而言則是一個墮落的過程。絕大多數孩子都是普通孩子，不是天才，生活中最基本的東西才是最重要的，要一一教會他們，不要好高騖遠，捨近求遠，顧此失彼，眞的演出悲劇來。

家長對孩子的要求，應至少符合以下三點。

第一，瞭解孩子，量力而行。根據孩子身體發育、年齡特點、實際水準和個性差異提出合理要求。凡是體力、年齡不能達到的不能強求。如當媽媽領著四歲的孩子上街，遇到熟人談話時，他達不到「老老實實站在那兒等候」的要求，可是當爸爸在看書時，他卻能做到「不吵不鬧，安靜做自己的事」的要求。

第二，家長對於孩子的要求，要始終一貫，言行一致，千萬不要憑自己一時的情緒說變就變。如孩子做錯了事，家長情緒不好，就拿孩子出氣，亂提要求；家長心情好時，就姑息遷就。還有媽媽叫孩子洗了手再吃飯，奶奶卻同意不洗手就吃飯。久而久之，孩子便是非不清，合理的要求沒有了，應有的要求達不到。另外，成人對孩子的每一個要求，自己首先必須做到，這樣對孩子才有說服力。

第三，採用循序漸進的方法。品德的培養和行爲習慣形成是一個長期複雜的、連續不斷的教育過程。對孩子的要求要由淺入深，由表及裏，逐步加深和提高。如對孩子的

勞動要求，必須從自我照顧入手，隨著年齡增長，逐步擴大勞動範圍，這樣才能夠完成力所能及的事。

父母只有對孩子提出合理的要求，才能收到教育和培養孩子的良好效果。

36．相信孩子說的話

兒子小學五年級寒假期間，每天都要去學校上算數班。開學後，我遇到他的數學老師，才知他根本沒去上課。問他，說是去了網咖。

「不上課卻去網咖，你這樣做對嗎？」我問兒子。

「我是不想進去的，可是我的腳要往裏面走。」兒子答道。

「馬上就要升中學了，你想不想考明星中學呢？」

「當然想。」

「可如果你總是這樣控制不了自己，你怎麼能考上呢？」

「我不再去網咖了，我會努力用功的。」兒子說得很堅決。

「那好，媽媽相信你。」

當孩子說自己控制不了自己時，父母相信了自己的孩子。也正是源於父母的信任，給孩子巨大的動力，在那半年的時間裏，兒子非常自覺，居然一次都沒有再去網咖，而是以前所未有的熱情投入課業，後來順利考上了第一志願。

孩子年幼，缺乏自制力，明知不該去網咖，但控制不了自己，所以才會有「本不想進去，可腳卻往裏面走」之舉，如果家長冷靜一點，是完全可以理解的。

要相信孩子是可以改變的。

孩子犯了錯之後，父母應該認眞瞭解孩子犯錯的原因，從而對症下藥，千萬不要一棍子打死。溝通是建立在信任的基礎上，如果孩子說了實話，家長卻因爲孩子犯了錯而不相信孩子，孩子下次又怎麼會再說實話？而你又如何能瞭解孩子的眞正想法？更爲重要的是，這樣會打擊孩子的自信心，讓孩子自暴自棄。

小佳是高二學生，她性格活潑，喜歡參加團體活動，長得也漂亮。班上的同學都很喜歡和她相處，她也很願意和同學們來往。可她的媽媽總是擔心她和同學（尤其是男同學）的來往會耽誤功課，所以只要一有男同學打電話給她，媽媽就盤問個沒完，「是誰呀？找妳幹什麼呀？怎麼說了半天呀？他幹什麼找妳不找別人呀？怎麼打電話還關門呀……」其實小佳沒有談戀愛，可任憑她怎麼解釋媽媽就是不相信，甚至還偷聽她打電話。一氣之下她眞的談戀愛了，「反正再怎麼解釋都沒用，這樣還省得被冤枉！」

現實生活中類似現象還有很多，問題的根本是家長不相信孩子，不相信孩子說的話，不相信孩子有獨立處理問題的能力。爲了證明自己的經驗判斷沒有錯，家長們千方百計地搜集證據——偷看孩子的日記、私拆孩子的信件、竊聽孩子電話等等。殊不知這些行爲極易刺傷孩子的自尊心。父母不妨想一想，如果你們不相信孩子，那麼如何讓孩子去相信你呢？

要相信孩子是一個好孩子，他的缺點只是暫時的，應該找到他好的地方，給他以積極的暗示。家長首先要相信孩子，孩子都願當個好孩子，願意得到父母的喜愛，也都有自己的優點和長處。

父母學會傾聽孩子是非常重要的，我們也要把每個孩子當成一個很有發展性的人來看待，要相信孩子有高度的潛能，多給予鼓勵，不吝嗇豎起大拇指給孩子，讓他們有足夠的信心，無形中對未來的發展發揮積極的影響。

培養孩子就如同栽培田地裏的植物，既使再好的苗，如果沒有肥美的土壤，即便就是有充分的陽光，適宜的水分，也根本不可能結出優質的果實。孩子也是如此，必須靠成人共同創設好環境。家長要善於觀察、瞭解孩子、相信孩子、傾聽孩子，給孩子眞誠的關愛，讓孩子的腦細胞活躍起來，健康成長。

37．多抽時間陪伴孩子

父母要學會和孩子做朋友，多參與孩子的活動，多和孩子一起嬉戲玩耍，成爲孩子開心的夥伴。對於父母來講，生活中的重要樂趣是來自於常陪伴孩子。陪伴孩子也是父母的責任，千萬不要以爲這是一種負擔。

父母下班回到家之後，少看一會兒電視，少讀一點報紙，少上一會兒網，時間也就擠出來了。當然，多陪陪孩子，並不只是簡單地與孩子待在一起就完事了，重要的是要多參與孩子的活動，儘量與孩子進行言語上的交流，一起玩玩具、做遊戲、看電視，或一起購物，一起散步等等，做孩子活動的參與者和引導者、智力上的啓發者、行爲和情感上的榜樣。

茶餘飯後，和孩子玩一場桌面上的籃球，或者擺上一盤智力遊戲，都是家庭歡樂。不要小看玩具，孩子的思維很單純，玩具可以鍛練大腦。尤其一些動手類、智益類玩具，對孩子的心智鍛煉益處多多。爸爸和兒子頭頂著頭，趴在桌上玩的時候，就是在溝通著他們之間的親情。日後多年想起來的時候，無論是孩子還是大人，那個畫面都會是

存在心裏的溫情。

父母能夠做到常陪陪孩子，使孩子在成長過程中更爲豐富，這樣不僅孩子快樂，父母本人也快樂，何樂而不爲呢？

參與孩子的遊戲是引導孩子的有效方法。例如跑步、捉迷藏、踢球、跳繩等。家長和孩子在共同的活動中能夠培養心理默契。

一位父親深有體會地說：「如果你不花一些時間與你的孩子共同度過，再怎麼強調親子交流都是白搭。與孩子共同分享在一起的快樂時光，是你與孩子們交流的最好機會。」

一位母親也對此有同感：「與孩子們在一起是很重要的，我總是試著這樣做。我們常在一起散步，一起洗碗，這樣我們就有很長的時間交談。這是交談的好時間。即便很忙，你也一定能夠擠出這些時間，因爲那也是很容易自然交談的場合。試想有人要你坐下來，然後說『讓我們談談』，這是多麼的不自然啊。」

有意義而卓有成效的談話不能單靠某種技巧，它源於交談雙方良好的關係。要建立良好的關係，得要花時間與孩子們在一起，比如共同參加活動，比如在一起邊洗碗邊交談，這種相處與玩耍一樣能發揮非常好的效果。

一位父親講述了在一個秋日的下午，他與他十幾歲的兒子共同度過的幾個小時。他們在自家的院子裏搬運肥料，收拾整理。他說：「小桑迪才十三歲，新的學年剛剛開始。我擔心他在學校裏的安全、可能遇到的困難等。那天下午我們在一起鏟髒東西、整理院子時，進行了一次前所未有的長時間友好談話。我們談到了很多事情，他的老師、他對老師的評價、在學校裏老找他麻煩的孩子、健康教育課討論吸毒等等。從那天以後，我覺得我與他是如此接近了。」

父母不能指望自己能夠與孩子憑空盡情地交談，我們需要自然和諧的氣氛。這就意味著我們必須花時間與孩子們在一起。

38．給孩子面子，尊重孩子的交友圈

尊重孩子的朋友本身就意味著對孩子的尊重。而讓孩子在你以身作則的指引下學會尊重他人，也是孩子寶貴的人生財富。任何孩子都有這樣那樣的毛病或缺點，就讓孩子自由地選擇他的朋友吧，不必杞人憂天地擔心孩子會被「帶壞」。

有一種無意的傷害，那就是作父母的總喜歡把自己的孩子看作是不懂事的孩子，所以樣樣替孩子做主，最常見的像是，孩子的同學來找他出去玩，母親也不管孩子願意還是不願意，就不假思索地代他說：「小波要看書，他不去。」母親雖然沒有存心傷害孩子，但孩子會覺得在同學面前很失面子。孩子進入小學後，有他的交友圈。在他的世界，他認爲自己是獨立的，有他獨立的人格，可以不受父母的控制。母親在孩子朋友和同學的面前指導或者指示他行動，等於向孩子的朋友表示他還必須在父母的指示下生活，沒有獨立能力，孩子當然會覺得很掃面子。因此，爲了維護自己的面子，有時孩子還會故意不聽話。而一旦同學們發現他樣樣事都不能做主，就不會再找他玩耍，也不再接受他，這樣會有損於孩子社會性的發展。所以，除非迫切的需要，即使孩子的同學和

朋友所提出的要求不合理，需要當面立即禁止，也應該避免當著孩子的朋友或同學面前進行，有什麼不對和不妥的地方，應該等到他單獨一個人的時候再提醒他，孩子會容易接受得多。

不能尊重孩子的朋友，在孩子的朋友面前數落孩子，讓孩子自尊心嚴重受損，會導致親子關係緊張。

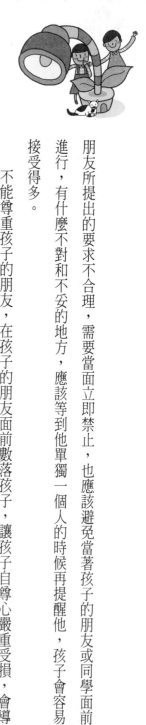

孩子在發現內在的自我後，喜歡透過寫日記進行心靈對話，這是他們人格獨立的體現。父母不尊重孩子的隱私，是對孩子的不尊重和懷疑。一個人只有當他的公民權得到了尊重，他才會尊重公共的法規和社會習俗，學會尊重他人。家長應給予孩子足夠的關注，給他們充分的自由空間和家庭民主權，既注重孩子自主性的發展，也注重培養孩子遵守紀律和規則，積極鼓勵孩子平等地交換意見，而不是將自己的觀點和行爲準則強加給孩子。若必須行使父母權利時，也應向孩子說明爲什麼必須這樣做的理由。這一點對青少年非常重要。

你是否發現自己孩子的好朋友成績不佳，便開始極力阻止自己孩子與朋友繼續來往。總有不少父母限制孩子和成績不好的同學交朋友，擔憂未成年的孩子模仿性很強，和成績不好的同學在一起，會影響他們的學習態度。家長的擔心聽起來有一定道理，其

實反映了他們的功利思想，希望孩子能從朋友那裏獲得「好處」。

會形成朋友的因素很多，有的是有共同的興趣愛好，有的是性格脾氣相近，有的是互相幫助，當然也有的是爲了促進學習，而既然是朋友，就必定有感情。孩子交朋友，家長不能太功利，不要認爲孩子的一切都必須和提高學習成績有關。交朋友應該廣泛，交朋友的目的也應該是多方面的，只要是正常的朋友，他們在相處和溝通中各自都能有所獲得。身爲父母，應當尊重孩子的交友權。

第五章

正確對待青春期孩子的叛逆

青春期是從童年向成年過渡的人生關鍵時期。青春期的孩子不僅身體增長快，而且各器官的發育逐漸趨向成熟，隨著青春期的生理變化，青少年的心理也同時發生了相應的變化，其中，叛逆心理在青春期的孩子身上表現得尤為明顯。

強烈的叛逆性對孩子的心理發育、日常學習和生活都是百害而無一利的。若任其發展，很有可能造成孩子的心理缺陷，甚至影響將來的生活、學習和工作。父母理解青春期孩子內心的風暴，是幫助他們克服叛逆心理的關鍵。

39・不要對孩子抱有成見

父母要想和孩子有更好的溝通，就不要對孩子抱有成見。父母不能一看到孩子有獨立的意識便極力壓制，父母反應越強烈越過分，孩子就越會堅持己見。

預先設想孩子會叛逆的父母，或許正是自己挑起這種情緒，使之成爲應驗的預言。心理學家勸告，不要一看到青少年有獨立意識的跡象便壓制，擔心自己做出一點讓步孩子便會越軌。父母的反應越激烈，青少年就越堅持己見。倘若父母使用更強硬的手段加以壓制，那麼一場大規模的衝突將是不可避免的。

二十一世紀是一個要求更高、競爭更激烈的世紀。它帶給父母及孩子的，不僅僅是機遇，還是更多的挑戰。在培養孩子的過程中，即使你稍做一點點對你來說輕而易舉的改變，都可能決定孩子終生的成功與幸福。

很多父母總喜歡在人前對自己的孩子說教，以爲是爲孩子好；或者不迴避孩子在場，就談論他們的缺點，以爲孩子年齡小，聽不懂大人說的話。殊不知這些言語中隱藏了多少對孩子的傷害，對孩子的心理、學習造成負面影響，而父母卻一點兒也沒有察覺

到。就像這兩個談論孩子的父親，一個羨慕地說：「你兒子才上國中一年級成績就這麼優秀，眞不簡單。」另一個謙虛地說：「不行啊，差遠了，英文才考九十八分，數學也才九十七分，別人都拿滿分呢。」

東方父母總愛表示一下自己的謙虛，要不然怕別人說自己驕傲自滿。所以當別人誇獎自己的孩子，儘管內心十分高興，表面上也要表示一下謙虛的美德。然而孩子是單純的，對於成人世界裏的「謙虛」他們並不清楚，很容易把這種「謙虛」理解成父母對自己的不滿意，認爲父母對自己有很高的期望。結果往往給孩子造成一些不必要的學習壓力，覺得不管自己多麼的勤奮父母都不滿意，因爲達不到父母的高標準而喪失學習信心和興趣。

還有些父母固守「謙虛使人進步，驕傲使人落後」的古訓，以爲表揚了孩子，他就會驕傲自滿，不再像以前那樣努力了。讚美和肯定是孩子最渴求的，有了讚美才有更濃厚的興趣以及更積極的學習熱情。

對於大人的言語和評價，孩子是特別敏感和在意的。大人孩子的心靈很脆弱，經不起一次次的斥責和失意。因此只要孩子在場，莫談孩子的缺點，不要比孩子的弱勢，更不要對孩子有成見，否則，一個失去了自尊心、自信心的孩子將來是很難成功的。

柏拉圖說過：「對一個孩子最殘酷的待遇，莫過於讓他『心想事成』。」

一些父母對自己的孩子不放心，低估了孩子的承受力，他們覺得孩子太幼弱了，根本沒有辦法對付生活中的現實。這種態度慢慢會使孩子形成對自己的錯誤認識，認爲自己沒有能力面對一切，這對孩子以後的人生是百害而無一利的。身爲家長應當慎之又慎。

也有一些父母總是認爲自己對孩子的看法十分正確，對孩子的所作所爲都是了如指掌。家裏的什麼東西壞了，準是小傢伙幹的；隔壁的阿姨來敲門，肯定是孩子在外面做錯事了……種種家長認爲的「眞知灼見」，實際上是親子溝通的最大「殺手」。

一位父親在兒子三歲的時候就逼他彈琴，而且對於自己的教子經驗非常得意：「我規定他每天必須幹什麼，不准幹什麼，不聽話，我就狠揍！」有一次，父親偶然間看見兒子所作的一幅畫：一隻乖巧的小羊在彈琴，一隻大灰狼張牙舞爪地站在琴旁說：「你得一直彈我愛聽的曲子，否則我就把你吃掉。」父親這時才猛然醒悟過來，兒子是在抗議啊！如果父與子之間的關係變成狼與羊，那麼羊還能說自己最尊敬的是狼嗎？

有個孩子家裏飼養了一隻羊，他很喜歡這羊，時常一個人牽著羊去山坡上玩耍，每當看到心愛的羊吃著山上的嫩草，他就覺得非常快樂。在孩子幼小的心靈中，他最好的朋友就是那隻羊，他喜歡和羊說話，說的都是些自己聽來的故事和自己的幻想。他覺得和羊一起在山坡上曬太陽是一件很幸福的事情。

有一天，孩子躺在山坡上，溫暖的陽光讓他睡著了。他做的夢都是和羊在一起的情景。就在他睡醒的時候，發現羊不見了，這隻羊從來都不會走遠，但現在找不到了。孩子焦急地把整個山坡都找遍，依舊沒有找到，他傷心地哭了，因爲他害怕以後再也見不到這個心愛的夥伴。

天黑了，他急忙跑回家，想請爸爸幫忙將羊找回來，沒有想到，當父親聽說羊丟失了之後，認定是孩子貪玩才把羊弄丟。父親什麼也沒問，舉起了手中的棍子，無情的棍子打得孩子遍體鱗傷。

「我只有這隻羊，如果你沒有找到牠，你就永遠別回來……」說完，孩子就被父親推出了門外。

孩子非常傷心。在黑暗的山坡上，他獨自一個人奔跑著，他越跑越想不通：「父親爲什麼打我呢？我又不是故意弄丟了羊？羊不見，我也很難過啊！爲了羊，父親叫我永遠不要回去，難道我還不如一隻羊嗎？」

突然，孩子看到遠處有一個小白點，走近一看，原來是那隻羊，正悠閒自得地吃著草呢！

這時，受到父親粗暴對待的孩子沒有像往常一樣去抱這隻羊，而是舉起一塊大石頭。

「就因爲你……因爲你父親才會這樣對待我。」孩子一邊哭，一邊將石頭向羊身上砸去。

第二天，人們在山坡的岩石後發現了那隻已死的羊，而那孩子再也沒有回過家。

我們可以想像，那孩子的心裏有多麼難過，他親手將自己最心愛的朋友殺死了。

由於父母對孩子存有成見，以致用粗暴和專制的方式對待孩子，這在孩子身上留下的陰影將永遠不可磨滅，這種陰影會讓一個本來善良的孩子變成兇殘的魔鬼。所以父母要想使孩子得到更好的發展，就不要對孩子抱有成見和盲目責怪孩子。不要認定他生來就是這樣，教育孩子沒有什麼必然的模式，最主要的是多理解孩子，遇到事情多爲人設身處地的想，不要用有色眼鏡看待孩子。孩子都是好孩子，父母應該讓孩子在這個快樂的天堂裏自由自在的成長。

40．要保持作為家長的地位

與孩子溝通的時候，父母應成爲孩子的朋友，相互信任，共同享受快樂，然而，這種友誼不應包括地位的「平等」。這就像是在一艘船上，你仍應是一名船長，對於船員的意見你可以聽取，可你仍舊是最終決定航向的船長。

相關機構對中國、美國和日本的孩子進行一項調查：在你心目中，最尊重的人是誰？請列出第一位到第十位，本國的和外國的都可以。

看到這個調查，很多人都以爲美國孩子肯定把父母列在榜末。原因是美國家長養孩子養到十八歲就結束，然後便把孩子「掃地出門」，要他們自立門戶。至於有沒有房子住，能不能找到工作，會不會有收入，這些都是孩子自己的事。十八歲成熟了，是大人了，以後就要靠自己獨立生活了。父母有錢那是父母的錢，他們並不一定要讓兒子到他們公司當總經理，未必在遺囑裏把全部財產都留給自己的兒女，說不定捐給慈善機構呢。因此，在美國做「孩子」的時間是非常短的。

而台灣的父母對孩子是最呵護的，他們不僅養孩子養到十八歲，就算是到了二十八

歲都管。孩子嬌生慣養的不想工作，沒有問題，就在家裏吃父母的，哪一天孩子發一頓脾氣說要到外國留學去，父母毫無怨言，並積極開始湊錢。

這家機構的調查結果很快出來了，卻出乎很多人的意料。美國和日本孩子心目中最尊重的人依次是爸爸、媽媽、英雄人物。而中國孩子最尊重的人根本不是父母，第十名的是父親，母親就更慘了，被擠出了前十大，排在第十一名。孩子不說謊，心目中就是這樣認定的。

這樣的結果很值得深思。讓孩子學會尊重自己的父母是很必要的，這不僅僅是爲了滿足父母的自尊心，最重要的還是因爲孩子與父母的關係會成爲日後他對所有其他人的關係基礎。孩子小的時候，對父母權威的看法，會演變爲成年後他對待長輩以及其他夥伴的基礎。孩子擁有的最初、最重要的社會影響，就源自於父母與他的相處方式。孩子在這種關係中經歷的瑕疵和困惑，將在他以後的生活中不斷出現。

「爸爸和媽媽眞是又老又笨！我能夠任意擺佈他們。當然，我知道他們很愛我，然而，我確實認爲他們很怕我。」這些話可能不會出自於一個孩子之口，至少不會當著父母的面說出來。但每次當他以機智勝過長輩，並在公然的反抗和爭吵中取得勝利，他都會這麼認爲。長此以往，他可能會以更加明確的行爲表達他的無禮。假如他認爲父母不

值得他尊敬的話，他很可能會反對他們的原則和信仰中的一切。

父母得不到應得的充分尊重，不外乎以下原因：經常埋怨孩子不聽話的父母，是得不到尊重的；孩子的什麼事情都要管的家長，是得不到尊重的（比如非要孩子學鋼琴，要翻一翻孩子的日記本瞭解孩子的思想，要孩子爭班級第一，最好是全市第一）；硬是把自己的理想變成孩子理想的，更得不到尊重；東方父母要讓孩子光耀門楣；還喜歡逞強裝得很富，但傾其所有的家長不一定會得到孩子尊重，而有錢有勢的家長也不一定受孩子尊重，孩子還可能從社會退卻到家庭，任何事情都想讓有錢有勢的父母解決。

孩子孝順父母說起來是天經地義，但是尊重以後才能談孝順，把父母列在第十、第十一位，談孝順似乎還有些太早。當今社會，台灣所謂的「孝子」，是父母孝順兒子的意思：孝——子。

鼓勵孩子闖蕩天下，給漁不給魚的父母，能得到尊重；不是什麼事情都要管住孩子、願意給孩子當謀士、孩子大了能做孩子朋友的父母，能得到尊重；認爲孩子要尊重大人而大人也要尊重孩子的父母，也能得到尊重……

當父母和孩子發生衝突的時候，嚴厲回擊孩子的故意挑釁是父母維護自己權威的手段，但是父母在對抗時的勝利並不一定能夠眞正樹立起自己的權威，因爲父母的權威是

在日常和孩子的互動中一點一滴樹立起來的。平時與孩子相處，父母要明確地表示自己的原則，如果孩子違背某些原則，一定要和他們溝通，告訴他們爲什麼這些原則不可違背。父母要有耐心，出了問題要和孩子討論，讓孩子學會從不同的角度去看待一件事物。他們也許有他們自以爲正確的道理，然而讓他們換一個角度去看，他們或許就可以看出自己的理由或後果是有害的。透過反覆討論，不僅有助於父母建立權威地位，對培養孩子的獨立思考能力也有很大的幫助，而不只是父母的「應聲蟲」。

權威的父母讓孩子對他們既尊重又親近，對父母的建議，他們不會不屑一顧。這樣的父母，通常不會受到孩子的故意挑釁。比如說，孩子非常的挑食，而父母又不採取迂迴戰術，一場衝突恐怕是不可避免了。聰明的父母不應該只是在衝突中取勝，而是應該事先就預見到衝突，進而避免掉衝突。

父母教育孩子的時候，一定要有原則。所謂講原則就是一旦立了規矩，即必須執行。規矩是客觀的條條框框，不是父母情緒的好與壞。鑒於孩子不容易記住預先的約定，也沒有成熟到能很好地控制自己的情感和欲望，父母需要不時地提醒以幫助孩子記住。然而，提醒只是提醒，一旦孩子違反了規矩就要按照規矩來教育他。一是一，二是二，行就是行，不行就是不行。一定要讓孩子知道他的一舉一動能產生不同的後果，隨

著時間的推移，他就會懂得不管任何事情都要仔細、認眞地去做，從而形成良好習慣，也就不需要父母的催促和監督了。

媽媽對園園說過：「早上的時間非常緊湊，你一定要按時起床，按時吃早飯，只有這樣，爸爸媽媽才能準時上班，你上幼稚園也不會遲到。假如你沒有按時起床，我會認爲你是放棄你的早餐，那麼你就要爲自己的行爲負責。」

有一天，園園沒有按媽媽規定的時間起床。當他來到餐桌前，發現媽媽早已將桌子收拾好了，他的早餐也被收走了。

園園看著媽媽，覺得很難過，想發脾氣：「媽，我餓了。」

「對不起，園園，我也想把牛奶和麵包留在桌子上，可是我們有約在先，我不可以任意破壞它。我想你也不想破壞它。你餓了卻吃不到麵包，這只能怪你自己起床太晚了。」

孩子必須知道，規矩就是規矩，雙方約定好的，是一定要遵守的。

其實，孩子們喜歡這種權威型家長。這些家長給孩子們以負責任的自由，同時又不超出紀律約束的範圍，因爲他們不對孩子的每個行動指指點點，這樣便突出了重點，同時也保住爲人父母的地位了。

41．把握重要問題

教育孩子的時候，不要對孩子的每個細枝末節都指手劃腳，這只能使孩子反感。你兒子留了披肩長髮，或是你女兒畫了貓熊妝，你最好還是把這當作一種無害的時髦而予以接受。

讚美的話誰都想聽，孩子也不例外，而讚美孩子應著重於決心和態度，尤其應該表揚孩子出力最多的某一點。例如，幼稚園孩子畫了一幅畫，因為孩子不太會畫畫，於是畫了又擦，擦了又畫，儘管比別的孩子花了更多時間，最終還是畫好了。這時候，父母總要給小傢伙鼓勵，表揚他做事情認眞努力，孩子在充分體驗到成功的喜悅之餘，更建立克服困難的信心。

大部分父母都十分重視親子溝通，並一直想努力做好，可是往往不得其法。有些父母認為只要多讚美孩子，親子關係就一定會有所改善。其實，多而不當的讚美對親子關係的改善不僅沒有幫助，反而會造成更大障礙。良好的親子關係是朋友關係加上師生關係，對父母的崇拜、敬佩之情也是必不可少的。

例如，你和孩子一起放風箏，孩子老是不得要領，你除了在旁邊鼓勵他之外，還要幫助他把風箏飛上天空。這個時候，你只是稱讚孩子多能幹是一點用處也沒有的。

父母對子女的事不要每件都指手劃腳，大多數事情都可以放手讓他們獨立進行。但父母也應當時常關心他們，讓他們知道該怎樣做。對需要干預的事應採取恰當的參與形式，不可採取激烈手段。

首先，父母應該尊重孩子的「隱私權」。中國的傳統不是很尊重別人的隱私，對小孩的隱私更不尊重。所以往往會出現父母看子女的信件、日記等情況，容易引起子女的情緒對立。父母要用關心和尊重的態度對待他們。

孩子隨著年齡增長，活動範圍也不斷擴大，對外界充滿了好奇，對同儕的活動表現出非常濃厚的興趣，產生強烈的參與意識，無形中對家庭的依戀逐漸淡了，慢慢也變得厭倦父母的關愛。尤其是十五六歲的孩子，易受環境的左右，儘管他們的身體發育比較快，但心理發展仍不穩定，假如此時父母教育不得當，孩子很容易出現逃學、厭學、離家出走現象。

出現這種現象，除孩子本身的因素外，家庭環境也非常重要。據調查，五分之一的家長對孩子期望過高，孩子的學習處在被監控督促之下，壓力大、興趣低。還有十七％

的孩子常因不聽話遭受父母斥責打罵，由於長時間的壓抑，易形成叛逆心理，和父母出現矛盾衝突。還有一〇％以上的孩子處在不溫暖的家庭中，四．八％的孩子因父母離異，常年和祖父母生活在一起，思想上沒有辦法溝通，有問題得不到有效的引導和幫助，這些家庭因素和孩子的離家出走都有很大的關係。

有一些家長對孩子的要求非常嚴格，要求過分，動輒打罵，孩子見到父母像老鼠見了貓，生長在這種環境下的孩子也比較容易撒謊。孩子常常想透過一句謊言來避免一頓「皮肉之苦」。這種教育模式對孩子的成長是非常不利的。

父母對孩子要多一些溫和，少一些苛刻，以一顆平常心對待孩子的成長。父母都希望子女有出息、有作爲。然而大千世界，芸芸衆生，多數還是普通人。倘若父母不顧現實，而一味地要求，其結果可能就是希望越大，失望越大。在孩子成長的問題上，父母給孩子的壓力不要太大，以適度引導取代要求，但也不能放任自流，撒手不管，任何事情都依著他。孩子辨別是非、自我判斷的能力還不夠，再加上社會錯綜複雜，所以離不開家長和老師的引導。大人要鼓勵孩子，去聽他們說話，從而知道他們的心中想些什麼，確認孩子行走在正確的軌道上。

42．不要盲目責怪孩子

有一家人是虔誠的伊斯蘭教徒，他們一向在星期日上午九點作禮拜，然後共進早餐。一天，十六歲的兒子宣佈他要晚起。父母本可以把這解釋爲典型的青少年對家庭和宗教的叛逆行爲，可是他們並沒有這樣做，而是心平氣和地把原因問清楚。原來，孩子爲辦校刊，前一天忙到很晚。於是家人把做禮拜的時間改爲上午十一點。

父母不要盲目責怪孩子，有時看起來「叛逆」似乎是針對大人，但實際上也許根本不是那麼回事。

孩子犯錯，父母不要只顧打罵，而是要讓他明白這樣做會造成什麼樣的後果。很多家庭都會發生小孩子偷錢，一般情況下，父母採取的辦法都是懲罰或斥責，或藏錢，然而這些都不能解決問題，過後又重犯，令父母頭疼不已。

小奇這個人對錢向來粗心大意，總愛東放西擱，很容易被兒子拿到，每次小奇都只能像打游擊一樣把錢包東藏一下西藏一下，可是「道高一尺，魔高一丈」，總是被兒子找到。小奇氣得罵過孩子好幾回，但最終小奇黔驢技窮，兒子故技重演，實在是讓小奇

大傷腦筋。有一次，小奇感覺好像少了一百塊錢，就質問兒子是否拿了她的錢。兒子矢口否認，小奇卻一口咬定是他偷了，並大發雷霆地將兒子狠罵了一頓。只見他委屈得一邊掉淚一邊極力申辯：「我沒有拿！」後來證實，兒子確實沒拿錢，是自己記錯了。過後，小奇將兒子摟在懷裏，向他道歉說：

「這次你是眞的沒拿錢，是媽媽不對，冤枉你了，媽媽誠心向你道歉，好嗎？」

「嗯。」

「但是，我們來認眞想一下好嗎？你想想，我爲什麼感覺一少了錢就認爲是你拿的，而不認爲是爸爸或別人拿的呢？」

「因爲我以前拿過媽媽好幾次錢。」他誠實地答道。

小奇趁機講出一番道理：「是呀，因爲你以前總拿我的錢，因此只要我的錢一少，自然就會想到是你拿的。你還記得《狼來了》的故事嗎？」

「記得，放羊的孩子老說謊，後來沒人相信他，都不來救他。」

「是啊，這說明什麼道理呢？」

孩子搖搖頭，小奇接著說：「這就說明，一個人反覆做一件不好的事，人們就會對他產生不好的印象，以後就算不是他做的，別人也會認爲是他做了壞事。放羊的孩子總

說謊騙人，讓大家留下了壞印象，就算狼真的來了，大家還是不相信。同樣，倘若一個人常常拿錢，即便他以後不拿錢，別人還是會認爲他拿的。你說這樣多倒楣、多委屈呀。受委曲的滋味不好受吧。」

兒子點點頭，眼淚又在眼眶打轉了。小奇忍住心疼，又接著說：「我是你的媽媽，你說不是你拿的，我相信這次不是你拿的，可是等你長大走入社會，遇到類似的事，由於別人不瞭解你，因此不一定相信你，被人誤解、不被人相信是多麼難受的事呀！」

「是的，媽媽，剛才我也好氣呢！」兒子激動地說。

「以後只要改正了，你就是讓人相信、被人信任的好孩子！」小奇對兒子豎起大拇指，他難爲情地笑了。

透過巧妙開導，使孩子知道信任的重要性和偷錢的壞處。此後，兒子再也沒拿過家裏的錢了。現在小奇能夠放心地把錢袋隨意放，兒子要用錢時就向媽媽開口說明理由，母子間建立了非常好的信任關係。

有這樣一位母親，兒子在小學、國中時學習成績都非常的優秀，只是有一段時間成績突然一落千丈。這位性急的母親也不問清楚原因，氣急敗壞又沒頭沒腦地大罵兒子，還說「你將來好不到哪裡去」，把孩子罵到一蹶不振，不得不輟學回家，最後走上吸

毒的路。母親追悔莫及，痛哭流涕地說：「我天天罵兒子『垃圾』，這下兒子眞的成了『垃圾』。」

小江的妻子車禍去世了，他獨自一人撫養一個七歲的小男孩。一次，公司派他出差，因爲要趕火車，沒時間陪孩子吃早餐，他急急忙忙離開家門，一路上擔心孩子有沒有吃飯，會不會哭，老是放不下心。就算是抵達了出差地點，也不時打電話回家。孩子總是很懂事地要他不要擔心，可是小江牽掛不安，草草處理完事情，便踏上歸途。回到家時孩子已經熟睡了，他這才鬆了一口氣。旅途上的疲憊，讓他感到渾身沒有一點力氣。正準備就寢時，突然大吃一驚：棉被下面，居然放著一碗被打翻的泡麵！

「這孩子！」小江在盛怒之下，朝熟睡中的兒子一陣狠打。

「爲什麼這麼不乖，惹爸爸生氣？你這樣調皮，把棉被弄髒？要誰洗？」這是妻子過世之後，他第一次打孩子。

「我沒有……」孩子抽抽咽咽地說：「我沒有調皮，這……這是給爸爸吃的晚餐。」

原來，孩子爲了配合爸爸回家的時間，特地泡了兩碗泡麵，一碗自己吃，另一碗給

爸爸。但是因爲怕爸爸那碗麵涼掉，因此就把它放進棉被底下保溫。

小江聽後，感動得說不出一句話來，他緊緊抱住孩子。看著碗裏那一半已經泡脹的麵，激動地說：「孩子，這是世上最……最美味的泡麵啊！」

也許孩子身上有許多讓父母頭疼的毛病，但絕不要光責怪孩子，因爲孩子是父母的鏡子，他的毛病都可以在家中找到根源，在父母身上找到影子。父母的一言一行都在孩子的心靈刻下紋路。責怪孩子之前，父母首先要反省自己的言行和教育方法。

對孩子少點責怪，多點關心，循循善誘——以言語，更以行動。

43·父母要建立「統一戰線」

有時候，孩子會偏愛父母中的一方。父親也許會爲女兒的親密行爲而「硬」不起心腸，並允許她享有母親所反對的「特權」；同樣，當父親要教訓兒子時，母親也許會袒護兒子。父母對孩子的態度不同，會導致父母之間發生衝突。所以在處理孩子的問題時，父母之間一定要多商量，然後一起向孩子表明父母的決定。

教育孩子時，父母的一致性是相當重要的。如果不一致，可能使你的心血大打折扣，甚至付之東流。

教育態度不一致對孩子造成的嚴重影響，就是導致孩子的雙重人格。

大人的管教方式不一致，爸爸說要往東，媽媽卻說要往西，會令孩子不知所措，不知道聽誰的才好。

然而孩子也有本能的自我保護心理，會利用大人的矛盾，選擇性地尋找有利於自己的一方，也就是說，誰護著自己，他就聽誰的。比如說，孩子想吃零食，媽媽不同意，而爸爸說，「不要緊，就讓他吃吧！」孩子得到了一方的支持，就會愈來愈有恃無恐。

也有不少家庭在教育孩子時會有意地「你唱白臉我唱黑臉」，一個遷就孩子，另一個則扮演嚴厲的角色，這對孩子的成長是非常不利的。情況嚴重的會造成孩子的雙重人格，在爸爸面前是一個樣，在媽媽面前又是另一種行爲。

大人教育意見不一致還會直接影響大人的權威性。

孩子總是認爲，大人的話是不會錯的，特別是在自己眼中有威信的人說的話，就一定是對的。所以當大人們的教育意見不相同，尤其是在孩子面前發生爭執、甚至彼此否定對方的時候，會使孩子對大人感到失望，自己的形象在孩子眼中就這樣破壞了，從而影響教育的效果。

自我控制能力是指一個人控制和支配自己行爲的能力，這種能力是從小慢慢形成的，過程中需要大人的幫助和支援。

當孩子出現某一行爲後，倘若大人一致說不行，他就會知道自己做的是不正確的，並學會改正這種行爲，從而發展自我控制能力。然而假如大人們意見不相同呢？孩子再次遇到同樣的情況，他根本就不清楚自己到底應該怎樣做，更談不上改正自己的行爲。

孩子太小，他的是非判斷標準來自成人，特別是父母師長。

當大人意見分歧的時候，孩子往往會覺得勝利一方的觀點就是正確的，而實際上也

許並不是這個樣子。時間長了，小孩的是非觀就會被混淆，甚至顛倒是非。

大人教育觀點不一致時，發生爭執，甚至爭吵在所難免，家庭氣氛爲此變得緊張。也許孩子並不明白大人們在吵什麼，但他知道大人是因爲他而爭吵，膽小、內向的孩子會因此感到害怕不安。在以後的日子裏，爲了不使大人爭吵，他往往會謹小愼微，就算是在家中大人面前也不能表現出孩子的天性，生怕因爲自己的不小心又使大人發生爭執。孩子在這樣的自我壓力下，成長會受到影響，尤其是在心理健康方面。

每個人都有自己教育孩子的態度和方式，怎樣讓這些不同的見解保持一致性，孩子才不會無所適從？這個問題値得很多爲人父母者深思。

大人有相同的規矩和要求，是孩子所需要的，不管是爺爺奶奶、幼稚園的老師，還是家裏的阿姨，都要和孩子的父母保持統一戰線。要不然，孩子會感到很困惑，不明白誰制定的規矩最重要，索性對於一切的規矩和要求都採取不理睬的態度。

例如，每到周末，妳會讓六歲的女兒打掃她自己的房間，妳認爲這是小孩子幫父母在做其力所能及的事情。可是妳的另一半，孩子的父親，總是把做家務事和糖果或者其他獎勵聯繫在一起，他認爲女兒做了家務事，爸爸媽媽是要給點物質獎勵的。現在，女兒也向妳索取她「應得」的獎勵了。

這個時候，妳不能一味責怪女兒，因爲這樣會打消她做家務的積極性，妳得想一個好的解決方法。

一般來說，小孩子的典型反應就是使父母對立起來，他們會說：「爸爸明明說好的！」所以父母事先統一觀點再去教導孩子，最爲重要。妳可以私底下問孩子的爸爸：「讓孩子做家務事的時候，你爲什麼要給她一些賄賂呢？」很明顯的，孩子的爸爸會告訴妳他並沒有意識到這樣做有什麼不對的地方。接著，父母就可以商量出一些不同鼓勵孩子的辦法，比如說，告訴孩子：「讓我們看看誰打掃得最乾淨又最快。」產生效果以後，父母就要一起和孩子談談，告訴孩子說她同樣有責任做些家務事，而父母看到她能夠做這些家務事時，爲她感到非常的驕傲和自豪。

這是一位母親分享他們夫妻幫助女兒克服怕黑的時候保持的一致性：像其他很多孩子一樣，我女兒膽子非常的小，尤其是怕黑。夜裏獨自一人不敢走樓梯，也不敢到其他的房間，說是「怕鬼」。

我當然明白一個無形的鬼對於孩子幼小心靈的殺傷力是非常大的。於是我不止一次地向她灌輸「無鬼論」，可是不管我怎麼向她解釋，她還是時時粘著我，甚至是去自己的小房間也一定要我陪著才敢去，看樣子，自己的口水都白費了。因爲她就算是已經相

信世上根本不存在鬼，但是對她來說，無邊的黑暗其實就是一個鬼。因此我一直以爲，在她長大之前，我是沒有辦法讓她克服怕黑的心理了。然而驚喜有時卻來得很快也很突然。

一天吃過晚飯，我和老公要去看望一個親人，而女兒想在家看電視，但她又害怕一個人留在家裏。因此我讓她選，要麼和我們一起去，要麼自己一個人待在家裏。事實上，我認爲她根本不敢一個人留在家裏，因此當時也只是說一說逗她玩罷了。

出乎意料的是，她認眞想了好一會兒，卻決定留在家裏看她喜歡的卡通，不過她堅持要我送她上樓後才能走。我見她居然肯一個人留在家裏，就有心試試她的膽量，於是推說要洗碗，而且洗好碗就要走，同時又將了她一軍：她要麼和我們一起走，要麼自己上樓。她眞的很想自己上樓去，然而她從來沒一個人上去過，還有那個「鬼」在心裏作祟，因此磨磨蹭蹭在樓梯口猶豫了好長時間也沒上去。

看她這副模樣，我的心理底線快要崩潰了，想想還是送她上去吧，然而假如我自己送她上去，不就成了說話不算話了嗎？她一看確實是沒有商量的餘地了，只好壯壯膽自己上樓去了。這樣，就打破了她以往非要有人陪才能上樓的記錄。

從這位母親的講述中，我們能夠感悟到，孩子要突破什麼，有的時候只是去嘗試一下就行了，倘若我們連試都不讓她去試，又怎樣知道她到底行還是不行呢？

在讓孩子嘗試的過程中，還要有堅定的信念做到持之以恒，假如扭不過孩子，父母就會動搖，想放棄；還有一個更重要的，就是父母雙方要建立「統一戰線」，不能一個想堅持，而另一個卻動搖。勝利常常就在父母統一戰線後，堅持再堅持一下。

44．先做朋友，後做家長

隨著孩子一天天成長，做爸媽的會發現：孩子越大，和父母的溝通變得越困難了，孩子小小的腦瓜裏究竟在想些什麼呢？「親子溝通」此時正是擺在父母面前最大的一個課題。孩子如何處理和父母的關係，是他學習與人相處的第一步，父母千萬不要忽略了親子溝通的重要性。

家庭是孩子出生以後接觸到的第一個社會。與爸爸和媽媽的關係，影響孩子的一生。一個父母之間溝通都會出現矛盾的家庭，整天不是吵架就是抱怨，甚至充滿了欺騙，也就不要指望孩子能夠和你親近了。

父母要做孩子的「知心人」。父母與孩子雖有血濃於水的親情，但並不一定是知心朋友。

特別是國中生，他們隨著身心的發展，自我意識不斷增強，自主判斷能力也不斷提高，對家長的依附慢慢降低，甚至在對人對事的看法上與家長產生嚴重分歧。

有些孩子在與父母的幾次「交鋒」後變得封閉，家長要想瞭解孩子的內心世界變得

非常困難，想與其做無話不談的知心朋友更是困難。爲此，家長必須深刻理解孩子的身心變化規律，樹立平等意識，把孩子眞正當作「成人」尊重，對孩子的所思所想、所好所惡有所留意，並加以瞭解。

孩子當著父母的面發表自己的觀點，父母應表現尊重，絕不能橫加指責。即便孩子表達的是錯誤觀點，家長也應以理服人地講明道理，切忌粗暴相加。在沒有辦法說服孩子時，應允許其保留觀點。只有這樣，孩子才會有信心與家長保持交流。

孩子上中學後，隨著年齡的增長和周圍人際關係的發展，肯定會出現一連串變化，他們會遇到多不勝數的困惑和困難，也將面臨更多需要自己親自處理的事情，這個時候就需要父母以朋友的身份來幫助孩子，而不是僅僅以一位訓導者的身份對孩子的行爲指手畫腳，因爲這樣做只會換來孩子的逃避和欺騙。

有些孩子上中學後成績沒有以前那麼優秀了，原因或許是人際關係處理不好，或許是學習習慣不好，或許是孩子與老師的關係處理不得當，也或許是孩子沒有從學習中找到樂趣。此時，父母應與孩子多溝通，多交流，以一個大朋友的身份給孩子一些適當的引導和指點。父母應設法給孩子足夠的信心和信任，給孩子足夠的鼓勵和支援，要想使孩子的學習成績在短時間內得到迅速提升，就要讓孩子儘快地從學習中找到樂趣。

今天的孩子都是很了不起的，他們可以獲得很多資訊，透過各種途徑瞭解這個社會和世界。假如只告訴他們要「好好聽話」，必定限制了他們創造力和想像力的發揮。當他們覺得自己與別人存在差距的時候，他們會強烈反彈，家長恐怕就沒有辦法走進他們的世界，更談不上溝通了。

因此，父母要與孩子做朋友，把他們當作與自己平等的個體，去瞭解他們的內心，鼓勵他們去做新的嘗試，照顧他們的自尊，給他們更廣闊的空間，讓他們按照自己需要的方式去成長，父母只需要陪在他們旁邊，在適當的時候告訴他們，什麼是對的，什麼是錯的，這樣才能養成具有獨立自主的人格和更有時代感的孩子，從而成爲一個走在時代浪頭的新人類。

台灣的父母不清楚這個道理，受傳統思想的影響，總在一個居高臨下的心理模式中教育自己的孩子。這樣的方式對當今很多孩子都是無效的，反而引發孩子的叛逆。當父母放下自己，將自己與孩子完全放在一個平等的位子上，你就不會感到很困難了。與孩子做朋友首先講求尊重孩子，讓他有完全的選擇權，他的選擇有時可能錯誤，但父母要採取引導的方式，而不是馬上反對。其次是學會與孩子分享你的生活，把你的喜悅告訴他，也把你的煩惱有選擇性地告訴他，聽聽他的意見。孩子在聽你分享中，也會把自己將要做的決定告訴你，並聽聽你的意見。這樣，你也會越來越瞭解孩子了。

父母要給孩子做榜樣，否則當你教訓孩子就會顯得理不足。

有一個高中生認爲抽煙是成熟的表現，因此經常背著家長和老師抽煙，後來被他的父親發現了，他的父親當然大發其火。但當他指著孩子批評的時候，他兒子卻指著他正叼在手裏的香煙說：「你爲什麼還抽呢？媽媽不是一直不讓你抽煙嗎？」這位父親啞口無言。他冷靜思考一會兒，把兒子叫到身邊，對兒子說：「由於爸爸抽煙的時間太長了，所以現在一時戒不了，但我決心戒，從現在起，我每天比過去少抽一半，兩個月後，我不再抽煙了。」兩個月後，他眞的戒煙了。他的兒子很感動，他從父親的身上感受到一種力量——一種克服自我的力量，而這種力量變成了指導他生活的一個準則。

孩子最善於模仿，高中生特別喜歡學大人樣。父母滿口污言穢語，孩子就會跟著學；父母用棍棒迫使孩子就範，孩子也就會用打罵回敬弟妹或同學，硬把他自己的想法強加於人。所以，父母要孩子做到的，自己應該首先做到。試想一個做父親的自己整天嗜酒如命，吸煙成癖，卻對孩子說：「你年紀還小，不要學爸爸的樣，等你長大了，自己掙錢了，到那個時候儘管去喝酒吸煙好了，爸爸絕對不管。」這樣去教育孩子，會適得其反，甚至助長孩子偷喝酒煙抽。

父母與孩子相處時要像朋友，這樣會增強孩子對家長的信任度。唯有信任父母，家庭教育才能起作用。與此同時，透過潛移默化，從父母那裏學會怎樣與人來往、與人溝通，這對於孩子的健康成長具有重大意義。

45．正確對待孩子的叛逆

不少父母心中苦惱孩子長大了脾氣倔強，沒有以前那樣聽話，與父母的關係變得不那麼和諧，甚至十分緊張；父母爲孩子做出種種安排，孩子卻偏不高興去做，喜歡頂嘴。這種叛逆有來自孩子生理和心理的內在因素，也有因爲父母教育不當，不理解孩子造成的。父母只有正確對待孩子的叛逆，才能進而解決它。

心理學家認爲，青少年的行爲並不存在必然的模式，也沒有所謂的「逆子」。處於青春期的孩子比較敏感，很小的刺激都會引起他們強烈的情緒反應。不僅如此，很多時候，他們感情用事，思想單純，因而容易與社會道德、行爲規範、成人的要求形成對抗，表現出他們對批評特別敏感，對壓抑自己行爲和傷害自己自尊心的事沒有一點承受能力。當自主行爲被阻礙時就容易發怒，被不安的情緒籠罩時就容易反應過度。

在家裏，孩子的叛逆往往是因爲家長的教育方法不當造成的。心理學家認爲，只要父母指導得法，孩子的反抗情緒會漸漸緩和。

有一次，素素在街上碰到高中同學小燕，她簡直驚呆了。人長得很不起眼而成績又

不是很好的小燕，此時衣著光豔，談吐中處處顯示出老練與成熟。原來小燕高中畢業沒能考上大學，就在表姐的花店裏打工。沒過多長時間，在父親的資助下，自己開了一間花店，每月都獲利不少。

望著小燕不停擺弄著掛在胸前的時尚手機，素素羨慕極了。此時在素素的心中慢慢泛起一個念頭：連不起眼的小燕都能有今天，難道我就不能嗎？

回到家，素素馬上向爸爸宣佈：我要退學打工，等湊足了錢自己做老闆。盼望著女兒大學畢業的老趙，馬上大聲訓斥，又苦口婆心想說服女兒。然而女兒並不理解父親的苦心：「你也是大學畢業，可你的薪水還比不上我同學呢。」爸爸非常惱火：「年齡這麼小，就開始看重錢，我看妳眞像妳媽。」原來，素素的媽媽因爲嫌爸爸太窮，在素素八歲的時候就跟一個商人跑了。女兒雙目死死地盯著老趙，過了好久，她大聲對爸爸怒吼：「你沒有資格教訓我，這輩子你只配做個窮酸的教師，要是你有錢，媽媽就不可能跟人跑。」說完，轉身進了自己的房間，「啪」的一聲將門關上。

爸爸的心被素素的話刺得好痛，走出家門……

大街上的霓虹仍舊炫麗，可是夜深了，素素的爸爸卻沒有一點回家的意願，心情沈重地在大街上徘徊著。他沮喪得一屁股坐在一盞霓虹燈下，兩手環抱著頭，身上的憂鬱

好像要淌下來似的。這個時候，他只在苦思一個問題：「難道我眞的落伍了，連教育自己女兒的資格都沒有了嗎？」

四十多歲的男人大都有一個處於青春叛逆期的孩子，生理和智力正在發展的孩子們，渴求成熟與獨立，卻又沒有能力眞正獨立起來。他們渴望被當作大人，希望能夠得到父母的平等對待，但行爲表現卻又處處顯示出他們的幼稚。這個時期的孩子，溝通和理解是他們最迫切需要的。然而素素的父親此時卻沒能做到這一點，對女兒的不實想法未能耐心引導，還橫加指責，甚至把話題引向女兒心靈中最脆弱的「母親」身上，在傷害女兒的同時，也傷害了自己。

對孩子的教育取決於父母的態度，而父母的態度則取決於父母自身對世界、對生存環境的認知和與周圍人的比較。

孩子在形成自我意識之前，對父母的灌輸幾乎是全盤接受，但隨著自主意識增強，父母越專制的家庭，孩子的對抗情緒越強烈。

孩子自主意識增強之後，父母對孩子的影響明顯越來越淡，而老師、同學、媒體、社會上不論好的、壞的資訊都將進入孩子的眼睛，並存留在腦海中。這個時候父母也沒有必要太著急，不要說什麼社會污染了孩子，也別說某某人帶壞了孩子，讓孩子正確看

待社會，樹立正確的人生觀就好。

有一位父親難過的抱怨說，兒子從小活潑好動，到了青春期更是不受教，氣得他總是打兒子，有時甚至用鏈條把兒子鎖在家裏。打著打著，兒子長得比他還高了，不但沒有打好，反而越打越壞。兒子一被打就往外跑，並交了一些狐朋狗友，兒子跟著他們學會了酗酒、抽煙、打架鬥毆，甚至開始還手打父親。父親看著兒子做壞事又無能爲力，眞是心力交瘁，難過至極。但他並沒有意識到這正是他「打」出來的結果。

人生在世不稱心事十有八九，在失意時仍積極向上，在衝動時能夠克制和忍耐，保持沈著，對人生抱持高度熱忱，是推動自己走向成功的條件。

接受過情緒教育的孩子有非常明顯的不同，對於同學間的競爭、課業的壓力及其他不良誘惑較能夠應付。顯然，情緒教育帶給他們一定的免疫力，可以面對即將到來的壓力與挑戰。

很多孩子都不善緩解情緒，難以克制衝動，沒有責任感，不關心學業，這麼多問題只要任何一項獲得解決都有助於教育品質的提升。除了教育意義外，情緒智商（ＥＱ）教育對孩子以後的人生有著非常重要的意義，將來不管是扮演朋友、學生、配偶、老闆、員工、市民等角色都將更爲稱職。社會重視ＥＱ教育的結果，受益的是所有孩子，

這等於是爲孩子人生所要經歷的磨難打上一劑預防針。當然不是每個孩子獲益程度都一樣，但只要對孩子有一點兒幫助，都値得一試。

與此同時，家長也要不斷加強自身學習，學會理性而全面地看問題，避免自己因爲認識片面、視野狹隘造成自身認知錯誤，而自己又存在家長的威權作風，從而與孩子對立，只有這樣，才能眞正克服孩子的叛逆。

46．及時向孩子講解性知識

東方的父母對於性這個話題是相當避諱的，所以當孩子在這方面存在困惑的時候，父母往往不會爲他們做出解答。性發育是青春期的重要標誌和特點，是身心發展的一個重大時期。當孩子懷著惶恐、迷惑的心情面臨性生理和心理上的變化時，父母身爲他們最親密的朋友，一定要隨時準備幫助他們。

英從來都沒有留心或刻意向兒子講過有關性方面的知識。男生在生理的發育成長方面沒有女孩複雜，英總認爲他還是個孩子，講多了怕孩子早熟，以爲他明白得越少越好。

可事實卻完全出乎了英的意料之外。

兒子國二後有大約一年左右的時間，明顯感覺身體正發生他所不知道的變化。第一次遺精，他嚇得不知所措，說自己病了，堅持要去看醫生。這些青春期的生理變化，就像是一個不速之客冒犯了他。忽然間，兒子就變得脾氣煩躁、慌亂不安。這也讓英感到措手不及，開始後悔沒有早一點跟他談。英對兒子說，你長大了，這是正常的身體發育，並帶他去看中醫，以便消除他的心理疑慮。

然而面對這些突如其來的變化，兒子並不能一下子接受，也不能接受自己。他說他不要這麼快就長大。

孩子的生理發育往往快於性心理的發育，這個時候更重要的是做兒子的知心朋友。只有把他當朋友，才能瞭解他的疑惑和煩惱。英發現，兒子與其他孩子一樣，從「兩小無猜」到「人前靦腆」，變得不安和羞澀，尤其表現在他對異性的疏遠。有一天他因爲重感冒沒上學，晚上要去一個離英家不遠的女生家問作業，他非要媽媽陪著他去不可。然而英知道，長期下去他會缺少單獨面對異性的勇氣，因此鼓勵兒子參加學校足球隊，讓班上男生經常來找他一起踢球。有一次，兒子說到下午大多數的女生都在爲他加油、喝彩的情景，說得眉飛色舞、興奮不已。他對英說，媽，長大了眞好！英一直以來不動聲色的緊張心情在這一刻也終於解除了。

父母一定要眞正關心孩子的需要和心理變化，而不是哪裡發現了不好的「資訊」就把那個東西強行封閉，這種東西多得很，防不勝防。當然，管肯定是要管的，然而最主要的還是要做好孩子們的教育這一關，把精力放在怎樣關心和引導孩子。隨著性知識在校園內的普及，甚至保險套都走進校園了，對於校園周邊的成人用品店，我們也用不著

大驚小怪，孩子能認真對待、接受並不一定不是好事，倘若這些都被看成像吃飯、穿衣一樣很正常的事，學生們的好奇和敏感就會相對減弱了，又如果大人給孩子講明白，把知識教給孩子，大人的擔心就是多餘的了。

美國一個十二歲的小女孩有天晚上忽然告訴媽媽，她要去男朋友家過夜，媽媽和小女孩商量說能不能不去。孩子說約好了的，必須要去。

於是，這位媽媽開始一方面幫孩子將衣物和必要的物品收拾好，另一方面向孩子講解性知識、懷孕的後果、將來所需要承擔的責任。當這位媽媽將孩子送到她男朋友家門前，最後問了她一次，「去還是不去？」小女孩說不去了。

雖然現在都在提倡品格教育，但說到底還是看重分數。家長評價自己孩子的好壞，評價一所學校的優劣，常常是關注於這所學校的升學率。在這樣的大環境下，性教育受冷落就是自然而然的事了。

假如我們把評價一所學校好壞的標準改成培養出多少人格健全、身體健康的孩子，那麼性教育很快就會得到重視。不過這些都是很長遠的事，而對孩子進行性教育則是刻不容緩的事情，父母應及時向孩子灌輸相關的知識，協助他們安然度過青春期。

47．多和孩子談感情問題

人都有感情，感情在孩子的天性中是必不可少的一部分。美國心理學家金諾特說：「感情教育能幫助孩子瞭解他們的感情。對一個孩子來說，瞭解自己的感情比瞭解他爲什麼有這種感情更爲重要。當他能夠清楚明白自己感情的時候，內心就不會再感到一切混亂了。」

在孩子成長的過程中，可能對父母又愛又恨。對父母、老師和所有對孩子有權威的人，孩子的感情常常是兩面性的。但父母對孩子雙重性的感情通常很難接受。其實萬事萬物都是相對的：哪裡有愛就必有恨；哪裡有羨慕就有嫉妒；哪裡有熱誠也會有敵視；哪裡有成功也一定會存在著擔憂。所有這些正面的、反面的、矛盾的感情都是合理的。所以，父母應該學會接受孩子身上存在的雙重感情，對孩子所表露的雙重感情用不著擔憂或內疚。

孩子在青春期會對異性產生好感，相互之間送一些禮物是十分正常的。他們對異性確實有一種渴望甚至衝動，想瞭解異性，然而孩子對異性的好感卻未必是戀愛的表現，

有很大一部分只是一種美好的願望。家長發現類似情況，不要急於公開化，更不要隨便給孩子冠上「談戀愛」之類的罪名。在處理時，要妥善把握其中的序和度。首先，發現不太正常的現象後要多觀察，瞭解孩子，與孩子多做接觸，以朋友的身份去溝通，掌握孩子對這種事情的看法和打算。在充分聽取孩子的想法後，家長可用自己身爲一個朋友和過來人的經驗，多給孩子一些好的建議，讓孩子去選擇理想的方法。千萬不要把事情嚴重化，那樣會造成孩子非常大的壓力，反而不利於解決問題。

孩子提早談情說愛，通常都是以模仿電視、電影或者一些言情小說，再加上自己的遐想而成，他們還不懂得責任感，也不完全懂得戀愛的眞諦和控制自己的「情感」，以至妨礙了自己的學業或原先的理想。

慧一直認爲他瘦瘦小小的兒子是屬於天眞爛漫型。雖說十一、二歲之後也偶爾問問男生和女生有哪些不同，然而他到底還只是個小學生啊。慧感覺，讓家長們頭疼的早熟問題離自己還很遠。可是出乎意料的是，兒子竟在他即將小學畢業那一年，毫無防備地遭遇了「愛情」。

慧和兒子之間原本是沒有秘密的。有那麼幾次，他津津樂道地說，班裏有男生給女生寫「我喜歡妳」的紙條；老師在班會上告訴大家，你們快進入青春期了。那個時候兒

子很自豪地說，看見了嗎？我們班男生都長小鬍子，喉結都鼓起來了，我多好，還是小孩樣。但是有一天，他突然支支唔唔地問母親：「要是男生收到『我喜歡你』的紙條要如何做呢？」

慧心裏一動，爲什麼突然問這個問題？是不是兒子自己的經歷呀？可是兒子又沒直說，慧只好故做輕鬆地對兒子說：「這得看情況囉。」

「媽媽這話跟沒說一樣，眞沒意思。」兒子一扭頭回了房間。

沒過多久，慧在垃圾桶裏發現了一封撕碎的信，拼起來一看，是一個小女生寫的。上面寫道：「在十二月三十一日前，你是否能夠送我一張賀卡？除此之外，什麼樣的女孩是你喜歡的，請告訴我，或者把我們班上你最喜歡的女生列出前五名。」看完這封信，慧感到又氣又好笑，這才多大的孩子呀。這女生是誰呢？看兒子可能是爲此煩惱不已，我可不能再裝不知道了。

慧將兒子喊來，故做平靜地問，這是你扔的信嗎？

兒子的小臉一紅。慧趕忙解釋，媽媽看見信紙，怕是我們有用的東西，因此就打開看了一下。兒子的臉更紅了，說：「她有毛病，自作多情！」慧開玩笑地說，用不著緊張，有人喜歡不是壞事，至少說明我們有點魅力。

啊？還這麼說，人家都快爲這事煩死了！這一段時間，她總要我們班女生給我遞紙條，我們班同學都誤會了，覺得我喜歡她呢？慧只是微笑著並不說話，心裏卻急急地做判斷：這已經在同學中引起了議論，動靜不小啊。正在這時電話響了。慧將電話接起，是一個男生，要找兒子。肯定是兒子的同學。慧把電話遞給兒子，兒子剛問了一句誰呀，口氣就變得很差了：「誰給你電話號碼？你在哪？好，再見。」

憑一個作母親的直覺，這可能是那女生的電話。果然，兒子氣急敗壞地對慧說，她跑到我們班男生家，非要人家給我打電話，讓我參加她的慶生會。

你會去嗎？慧想先聽聽兒子的意見。兒子的態度非常堅決：不能去！現在大家認爲我喜歡她，我再一去，那就更沒有辦法說清了。慧說，你還挺有想法的，對，同學的生日聚會可以參加，可是這是個特殊情況，不參加也罷。要盡可能委婉地拒絕，不要傷害人家的自尊心，你要透過適當的方式告訴她，現在大家需要把精力放在功課上。

那就這樣吧。兒子爽快地答應了。可是事情的發展連慧也沒想到，從這一天開始，那個女生好像著魔似的，每天打電話來——每次都是委託男生打進來，等兒子一拿起電話，她才說話。兒子生日那天，慧去把訂做的蛋糕取回來，回家時兒子已經到家了。慧剛一走進門，電話就響了。慧拿起電話，又是兒子的同學，叫來兒子，他竟惡作劇地把擴音鍵按下，於是慧聽到一個稚嫩的童聲：「你為什麼都不給我回信呢？我送你的生日禮物你喜歡嗎？」兒子很快地將話筒拿起來，十分不耐地對那女孩說：「我說的妳還聽不懂嗎？別再煩我了，我媽回來了。以後再說吧。」

這次，慧覺得必須要跟兒子好好談談了。總是這樣「以後再說」，不是解決問題的辦法呀。

兒子放下電話，慧問還沒有把那個問題解決掉嗎？能告訴媽媽是怎麼回事嗎？兒子點點頭說，那個女生是另外一個班的班長，兩個人還同時在英語補習班上課。從期中考試之後，她就開始遞紙條、到班上找人，甚至委託其他同學來邀請他一起去麥當勞，兒子的同學還經常拿這件事和兒子開玩笑。

她剛才提到禮物，什麼禮物？

兒子有點惱火的口氣說：「別提了。不知她從哪打聽到今天是我生日，剛一下課，她就抱著一個玩具熊跑到我們班教室門口。我不出來，她就不走。那個時候我們班有很多同學看熱鬧，有的女生還推我，說多浪漫啊，那麼漂亮的生日禮物。我一看，如果再這個樣子下去，老師一定會知道的，只好接過來，趕緊跑了。」慧聽完兒子的話，真是哭笑不得：「兒子，你當著大家的面收了別人的禮物，更讓她誤會呀！要不然這樣吧，

這件事讓媽媽幫你處理。」兒子卻堅持：「不行，這是我自己的事。再說，這種事哪有讓爸媽插手的？妳還覺得我是小孩子嗎？」話雖如此，兒子卻又表示，媽媽的意見他可以聽聽。

慧對兒子說：「愛情是一種很美好、很聖潔的感情，因此別人對你有好感，或者說有愛慕之意都是正常的，不應該把這種感情看成是一件很丟臉的事情。老師常說的早戀，對學生來說是一個正常的成長過程。然而你必須要明白地告訴人家，『我們還太小，精力應該用在功課上。』要把自己的態度堅決地表明出來——珍視同學的友誼，但不可能產生愛情。」

聽到「愛情」這個字眼，兒子難爲情地低下頭。慧說還有那份禮物，兒子說，我退給她。慧說，那樣，有點傷害人家，最好大大方方謝謝人家，再選一件文具送給她。爲了免去尷尬避，可以請幾個同學參加你的生日聚會，給所有送你禮物的同學回贈小禮物。照慧的想法，這件事得在家裏辦。可是兒子堅決要求慧給一筆費用，由他自己處理。

周六兒子去補習班上課，回來的時間比以前晚了很多。慧正忐忑不安，兒子回來了。一進門就向媽媽比了一個V字，這件事情圓滿地結束了。眞的？兒子卻又歎了一口氣，問媽媽，我看電視，談愛情是一件讓人感到很快樂的事情，爲什麼我覺得一點都不好玩呢？慧說，蘋果都是又香又甜的，可你要是在它沒有成熟的時候就摘下它，那就又酸又澀了。愛情也是有季節的。兒子看著媽媽，似懂非懂，慧說以後你就懂了。兒子坦然地笑了笑。

當孩子提早談感情的時候，父母不要急於壓制它，而是要好好地疏導他，使孩子順利走出迷惘。三年前，兒子戀愛了，那年他十八歲了，正面臨大學指考。母親是在開車回家的路上發現他們的，那個時候他們在吵架。看到平時沒有一點耐心可言的兒子在那女孩身後「窮追不捨」的樣子，和他那急欲辯解的表情，憑著一位母親的極度敏感，她明白兒子生命中的第二個女人也許就這樣出現了。

一天早上，兒子叼著麵包出門，母親把他叫住，笑了笑說：「倘若你喜歡一個女孩子……」兒子不高興地說：「媽，妳要幹嘛？」「我是說如果有一個女孩子漂亮、善良、功課又好，值得你喜歡的話……」「媽，妳在說什麼？做夢吧？」「我很清醒，我要說的是，假如你喜歡她就一定要讓她快樂。」兒子看著母親，目光裏滿是懷疑，她很坦然，衝兒子仰著頭，把剛才的話重覆了一遍：「喜歡她的話，就一定是發現了她有動人之處，就必然會有值得你學習的地方，你們在一起所要做的是互相幫助才對，而不是

浪費讀書的時間，還有，喜歡她就該讓她快樂！」母親說完了，馬上鑽進廚房，兒子在門前呆立了很久才走。那天晚上，兒子把那個女孩請到家裏來。母親很輕鬆地接待了她，她反而緊張得很。母親瞭解到她是班裏的英語小老師，成績相當優秀。吃過飯，女孩幫兒子復習功課，然後母親開車送女孩回家。她不覺得這樣做是在縱容兒子和那個女孩，她只是把女孩當作兒子的同學，也並不是承認了他們的關係。因爲她瞭解兒子，他們是有分寸的，這是出於對兒子和女孩的信任。高三的那年裏，兒子對母親無話不說，也就知道了兒子和女孩之間談了很多的感情，兒子讓那個女孩很快樂。

後來兒子考上了一間不錯的大學，一次他給母親寫了一封信，說他和女孩分手了。原因很簡單：「我發現我不能再給她帶來快樂，於是我提出分手。」後來他寫到：「老媽的話我一直牢記，『喜歡一個人就要讓她快樂，她的快樂就是你的快樂！』」母親知道當年自己那樣做是對的，她給了兒子足夠廣闊的思考空間，讓他去考慮自己在做什麼，該怎樣去做，父母只是路標，兒子才是自己的方向盤。

「喜歡她就該讓她快樂」，母親將這句非常有責任感的話拋給了兒子，也讓他學會了怎樣面對生活，面對自己。

父母能夠爲孩子提供一面感情的鏡子，幫助孩子瞭解自己的感情。透過感情的鏡

子，能夠提供孩子自發的修正和改變機會。

由於處在青春期的孩子大都叛逆，總是在潛意識中排斥自己的父母，所以對父母提出的意見，即使是好意見，也未必喜歡聽。所以父母應做孩子的顧問、盟友，而不要做經理人。顧問只細心聆聽，協助選擇，而不插手干預。心理學家伊麗莎白·艾利斯說：「父母只需要協助子女仔細檢討整件事，青少年往往能自行想到令人拍案叫絕的解決方法。」

48．不要強迫孩子做他不願做的事情

在少子化的現代家庭，孩子大多不願接受父母師長的教誨，而傾向於接受同學或朋友的建議。之所以如此，主要是由於孩子們互相瞭解，都能感受到彼此所處的困境。

爲人父母者都是望子成龍，望女成鳳，在兒女的智力投資上從不吝嗇。他們聘家教教孩子寫字、認字、彈鋼琴。有的孩子生性好靜，坐得住，拿支鉛筆給他亂畫，他也十分的高興。

樓下一位鄰居的孫子就是這樣。他獨自一個人拿一支鉛筆、一張紙坐在小桌子前，可以畫上很長時間，不吵不哭，一個三四歲的孩子跟小大人一樣。念小學以後，這孩子一直在兒童美術班學畫，畫得非常好。但這樣喜歡畫的孩子到底不是很多，有更多的孩子是被父母強迫畫畫、寫字、彈琴，而且還硬性規定每天必須練幾小時。一個小毛頭正是對外界所有事物都感到好奇、好玩的時候，父母把他關在屋子裏，鎖在書桌旁、鋼琴前，他受得了才怪呢。

長此下來，孩子還會對畫畫、寫字、彈琴反感，甚至以消極的行爲對抗父母。這種情況很多的家長都碰到過，那就是：你一定要我畫，我就亂畫……

一個小學生每天下午放學，就一定要先練一個小時鋼琴，接著做功課。星期天本是休息的時間，而這個孩子卻得忙一上午，上教師家裏學琴。孩子對彈琴毫無一點兒興趣可言，他看見鋼琴就厭惡，幾次反抗：「我不彈，我不要學。你打死我，我也彈不好。」然而父母卻不顧孩子的反抗，非要孩子學：「已經學兩年，花這麼多錢了。你應該爭氣，把琴學好！每天不彈熟練習曲，就不許出去玩！」孩子爲了斷絕父母要他學琴的念頭，有一天放學回家時，用石頭將自己的一根手指砸了。

興趣是因人而異的，絕不能由父母主觀決定或強制性地壓在孩子的身上。

孩子還小的時候，父母可以鼓勵孩子學習和接觸不同的事物，像是畫畫、寫字、彈琴、跳舞、武術等等。啓發孩子的興趣，讓他們自己萌生學習的意願。只有當孩子自願開始學習，才能把坐在桌前畫畫、寫字、彈琴當作一樂事，一兩個小時還嫌少，學習也才會進步。反之，沒有自覺的要求，即便是能夠強迫一個時期，也不可能持久堅持下去。

小雅爲了培養兒子畫畫，已經有好長時間沒有星期假日。因爲只要一到假日，她就要陪兒子到少年美術班去上課。在她的監督和半強迫下，兒子勉強畫了二、三年，也取

得了小小的成績，還得過獎，受到過外國朋友的稱讚。然而，孩子自從上了初中後，母親不可能隨時控制他，他就將畫筆完全丟棄了。

父母絕不能夠濫用自己的權威，強迫子女做他們所不願做的事。即便是好事、正確的要求，父母也要耐心開導，絕不能一意孤行。

榜樣的力量是非常大的，要使孩子在自己的父母身上學習到榜樣的力量。有的家長要孩子努力學習以增長知識，自己卻是既不讀書又不看報，整夜迷戀麻將，每天都搞得烏煙瘴氣的，連孩子晚上做作業的空間都沒有；有的家長要求孩子養成良好的習慣，自己卻整天酗酒，喝得不省人事；有的家長要求孩子說話文雅，可自己卻滿口髒話。父母不管是好的榜樣或壞的榜樣都會在孩子心目中產生一定的影響。有人說，孩子的心靈是一塊奇妙的土壤，將思想的種子播下就會收穫行爲；把習慣的種子播下，就能收穫品德；播下品德的種子，就能收穫命運。簡單說，就是行爲形成習慣，習慣形成性格，性格影響品德，品德決定命運。父母嚴格要求自己，爲孩子作一個好榜樣，努力培養孩子的好品德，就是爲孩子的美好前程創造條件。

第六章

與孩子的溝通要寬容

「人非聖賢，孰能無過」，一個人在成長過程中，難免有這樣或那樣的錯誤和過失，能寬容別人犯的錯誤和過失，是一種美德。家庭是孩子成長的搖籃，父母是孩子的啟蒙老師，更應該具備寬容孩子的心胸。

家長對子女的過失適度寬容，會使子女獲得溫暖的情感體驗，這種體驗使子女更尊重父母，父母的教育就更有說服力。父母對孩子寬容，也是培養孩子待人寬厚的基礎。

49．用諒解感化你的孩子

愛是接納，愛是付出，愛是責任，相信孩子，熱愛孩子，才能使孩子在我們理性的期許中獨立、茁壯。所以，父母要學會用諒解感化自己的孩子。

孩子好動，父母應該以寬容的心包容孩子無心犯下的錯誤，允許孩子有犯錯的時候，並依據事實瞭解孩子犯錯的動機；經常和孩子在一起玩，陪他聊天，可以瞭解孩子對事物的看法，並接受他的情緒，傾聽他的訴說。在一般情況下，孩子絮絮叨叨訴說時，有時只是傾倒「情緒垃圾」而已，父母在一旁聽就行了，頂多提出一些問題，引導他去思考。父母應該瞭解孩子的個別狀況，鼓勵自我成長，不做強求比較，太多的負擔和壓力，對孩子來說都是一種殘忍和傷害。

有一則伊索寓言是這樣講的。北風和太陽比賽，看誰能使戴著斗篷的旅人將斗篷脫掉。北風拼命地吹，想吹掉斗篷，結果旅人反而把斗篷穿得更緊了。太陽出來了，暖洋洋地照著那位旅人，沒有多久，他就自動把斗篷脫去，坐在樹蔭下納涼。

所以說，爲人父母者在教育孩子的時候，一定要寬容。用專制、暴力對於解決問題

常常是無濟於事的。只有溫和、寬容地對待，採用適當正確的方法，才能把事情辦好。因此給孩子一些寬容，就會收穫到耐心等待的一份驚喜。

小時候的愛因斯坦與大多數小孩子一樣調皮，一次，他把一個指南針拆壞了，但是並未受到父親任何指責。

拿破侖．希爾小時候被父親稱爲「希爾兄弟中最差勁的一個」，而他的繼母卻認爲他是所有孩子中最聰明的，對他倍加關愛，在他犯錯時給他以寬容，拿破侖後來才有了偉大成就。

孩子犯錯的時候，用諒解感化他們，遠比打罵收到的效果要好得多。

一個鄉下小村莊的偏僻小屋裏住著一對母女，母親總是害怕家裏會遭竊，所以一到晚上都在門把上連鎖三道鎖；女兒則對一成不變的鄉村生活感到十分厭倦，她嚮往都市，想去看看自己透過收音機所想像的那個繁華世界。某天清晨，女兒爲了追求那虛幻的夢離開了母親身邊，趁母親睡覺的時候偷偷溜出門，離開這個如詩似畫的村莊。

「媽，妳就當作沒我這個女兒吧！」

女兒眞的來到城市，才發現原來外面的世界並不如她想像中的那樣美麗動人，她在不知不覺中走向墮落之途，深陷無法自拔的泥濘中，這時她才領悟到自己的過錯。

經過十年的漂泊生活後，女兒拖著受傷的心與狼狽的身軀，回到了故鄉。

她回到家時已經深夜，微弱的燈光透過門縫滲透出來。她輕輕敲了敲門，忽然有一種不好的預感。女兒扭開門時嚇了一跳。「好奇怪，母親從來不曾忘記把門鎖上的。」在冰冷的地板上，母親瘦弱的身軀蜷曲，以令人心疼的模樣睡著了。

「媽……媽……」聽到女兒的哭泣聲，母親猛然睜開眼睛，一語不發地摟住女兒疲憊的肩膀。在母親懷裏哭了好長時間後，女兒突然好奇問道：「媽，今天妳怎麼沒有鎖門，萬一有壞人闖進來怎麼辦？」

母親對女兒說：「不只是今天而已，我怕妳晚上突然回來進不了家門，所以十年來從沒鎖過門。」母親十年如一日，等待著迷途的女兒回來，女兒房間裏的擺設一如當年。這天晚上，母女將門緊緊地鎖上睡著了。

世上萬事萬物都是千變萬化的，都是在曲折中前進的。孩子是受教育者，他們和世界上的萬事萬物一樣，是在不斷改正錯誤中進步成長的。因此家長在教育孩子時，不能操之過急，更不能把犯錯的孩子「一棍子打死」。孩子犯錯一般是不自覺，或對錯誤的後果認識不夠造成的。

家長如果懂得這個道理，當孩子犯錯時，能從心底諒解，這種諒解具有一定的感化作用。一些教子成功的家庭都知道孩子犯錯的時候，常常是教育最有效的時機，他們的教子秘訣是用諒解感化孩子。必要的時候，甚至爲孩子的錯誤和過失保密，以免其自尊心受到傷害。在這種情況下，有過失的孩子會像枯死的小苗兒又復甦過來，記取教訓，加倍努力，進步很快。家長們切記——諒解有時比懲罰更有力量。

50・允許孩子犯錯

一個孩子的自尊來源於大人對他的評價，當孩子深感父母和老師愛他又尊重他時，他的自尊便會很快得到提升。孩子是一個最允許犯錯的族群，因爲成長的過程就是一個錯了就改的過程。

因爲孩子年幼無知，所以時常會犯這樣那樣的錯誤，父母對他們進行嚴格教育是正確的，然而絕大多數的父母把對孩子的嚴格教育理解爲專制，不知不覺把自己變成暴君，把孩子變成唯命是從的懦夫，他們以爲孩子不聽話就要以粗暴的方式來管教，這種不尊重孩子的做法不但不能讓孩子正確認識自己，反而使孩子對父母，甚至對所有的人都產生怨恨心理。

孩子倘若想做什麼新的嘗試，父母一聽就先說：「你做得好嗎？千萬不要做錯，把東西搞壞了！」這會讓孩子猶豫不決起來，沒有了信心！而一個人要想有一番作爲，需要的就是信心。畏縮、害怕失敗，心理上首先就已經被打敗了，更容易把事情做壞。

有個圍棋家說過：「不嘗試是無法知其成敗的。」這位圍棋家就用這句話來勉勵自

己的弟子。所以他的弟子們都敢積極進行挑戰，而且大部分都成爲棋壇名人。

所以，當孩子們要求做某種嘗試時，就算我們知道會有多不勝數的困難，但還是應該給孩子們一個嘗試的機會，讓他們去考驗自己的才能。有時孩子能想出父母想不到的辦法，說不定還能想出一個超乎平常的構思。如果事先就肯定會失敗，而不許孩子嘗試，那麼孩子內心潛伏的無限可能性就得不到發揮。在這種對失敗存有恐懼的心理狀態下，孩子將不敢輕易嘗試，養成緘默和被動的消極態度。

不管是什麼人的成功，通常都是經歷了無數次的探索與失敗。每一個人做任何事情的時候，都有一個學習與實踐的過程，而且一開始通常也都是做不好的。透過不停的嘗試錯誤，才逐漸進步。就以洗衣服這樣一件簡單的事而論，一個人第一次洗衣服必定洗得不是很乾淨。因爲他沒有洗過，沒有經驗，不清楚如何才能洗得乾淨。做飯也是一樣，大多數人第一次做飯，不是少放了水，把飯煮得過硬，就是多放了水，把飯煮得過稀。這也不是很奇怪的事情。

如果孩子第一次做什麼事做壞了，父母不要過於責備，而應幫助他總結經驗，把沒有做好的原因找出來，下次就會更進步。

因此，正確的態度，不是埋怨、責罵，而是熱情的幫助孩子找出失敗的原因。常言

道：「失敗爲成功之母」，說的就是這個意思。沒有失敗，成功又從何而來呢？

周六，我陪兒子去上繪畫班。

上課後，老師開始講畫。老師在上面講，家長們都在下面提示：「快聽，應該這樣畫。」「快看，老師是如何畫的。」「你聽明白了沒有？」就這樣，家長們的絮絮叨叨將孩子們的思路給完全打斷了，往往是聽了家長的這句，聽不到老師的那句。

老師講完課後，孩子們開始畫畫，家長們更忙了，一會兒給孩子擦了這筆，一會兒又塗了那一劃，「不行，不對，你畫的和老師不一樣。」有些孩子都被家長給說得哭起來，還有的家長乾脆親自上陣，替孩子畫。

最後交畫的時候，孩子們的畫和老師示範的畫差不多是一模一樣了，當然都得了優，這個時候，家長們的臉上才露出滿意的神情。

家長之所以這樣做，一方面是對孩子的期望太高，另一方面是擔心孩子得不到老師的讚揚。試想，一個剛學畫的四五歲孩子，手的動作還不很協調，根本是不能和老師相比的。再說，孩子如果一學就和老師畫得一樣好，也就不用再來向老師學習了。

孩子有孩子的生理和心理特點，學習過程也有自身的規律，對於知識學習，人總是從不會到會，從不好到好，從幼稚到成熟。一個小孩子或許不會把線條畫得那麼圓滑、流暢，顏色也不可能塗得那麼協調、勻稱，這是他們這一年齡的特點，超越它是不合理的。其他方面也一樣，如學英語、學樂器，家長不能要求孩子一學就會，一會就好，過多過細過嚴的要求只能讓孩子膽怯，甚至感到厭煩，說不定本來很有天分的孩子，就這樣被家長給壓抑了。

因此，家長應該允許孩子在錯誤中成長和發展，家長要做的是幫孩子分析原因、檢討錯誤，不斷取得進步。

日常生活中，家長不要輕易責備孩子，要允許他犯錯。當然，在孩子犯錯後，大人應及時予以疏導，防止再犯。比如，當孩子打破碗，你就告訴他「現在你明白瓷碗會摔碎，以後就要小心，因爲這樣不但造成浪費，而且碎碗會割破手腳」。允許孩子犯錯，鼓勵他可貴的學習動機和積極性，同時維護了他的自尊，事實上是給他以繼續求知探索的鼓勵。而批評與指責卻可能從此遏止他的探索欲望，或使他產生叛逆心理，故意重覆出現同樣的錯誤。

另外，家長在孩子認知到錯誤後，可以要求孩子做一件好事來彌補，也就是所謂的「將功補過」，此方法比家長一味批評打罵要管用。比如在發現孩子說謊後，除了對孩子說「好孩子不說謊」的道理外，可以要求孩子去做一件幫助他人的事情，從而滿足孩子「做個好孩子」的願望，以補償前過。

身爲父母，能做的就是用寬容和忍耐善待孩子的錯誤，給孩子一個寬容的空間，讓他跌倒之後，學會自己爬起來。

51・讓孩子感受到你的愛，進而學會付出

班尼迪克特說：「受人恩惠，不是美德，報恩才是。當他積極投入感恩的工作時，美德就產生了。」所以常存感恩之心的人，才會擁有成功的人生。

引導孩子學會付出愛，首先要讓孩子懂得感恩，學會體諒父母。

父母不要給孩子「特殊待遇」。父母吃什麼，孩子也得跟著吃什麼，所有的東西都應該大家分享。要注意一些細節，比如媽媽分水果不要讓孩子先挑，而是先給長輩等等。

蘋九歲的女兒小薔在家裏就像是一個小公主，她甚至不能爲自己倒杯牛奶。她還是小嬰兒的時候，就有帝王般的氣派，所以蘋和她父親常開玩笑，說她投胎前一定是在父母的目錄裏看到他們的頭上寫了「奴隸」兩個字，因此才來到他們家。

現在蘋是一個單身母親。女兒和蘋在一起的時候，蘋是僅有的、等候她差遣的人。所以當蘋因爲感冒而在午餐時間發著抖回家時，腦海裏閃出的第一個念頭就是：她這個小公主將會做何反應？蘋不敢期望女兒會讓她安靜地休息，更不敢期望女兒會照顧她，

她只希望女兒至少能照料自己吃飯。

下午三點半，蘋拖著疲憊的身體起床到學校接女兒。回家的路上，蘋告訴女兒：「親愛的，媽媽眞的病了，我們一回家，我就必須到床上休息。我很抱歉，今晚不能做晚餐、幫妳洗澡。我必須要休息，今晚妳能夠自己準備晚餐嗎？」

「沒問題。」女兒漠不關心地回答，然而，女兒的回答並沒有讓蘋放心，她覺得眞正的考驗在後頭。

到家後，蘋回房間休息。出乎蘋意料的是，接下來的六個小時裏，她沒有受到一點兒打擾。

每次蘋從昏睡中醒來，都會有一個好心的小天使彎身問她是否需要什麼東西。一塊清涼的毛巾拭過蘋的額頭，一個銅鈴讓她在需要什麼的時候能夠叫女兒，一張女兒畫來爲她加油的畫，上面畫了一個充滿陽光的廚房；然後又送來一隻綁著粉紅色緞帶的「早日康復」泰迪熊，那是女兒有一次生病時別人買給她的——她好像堅信這隻熊眞的有能力治病。

一次女兒上來看蘋，蘋對她說，她必須到樓下上廁所。小女兒趕忙幫媽媽穿上毛衣，「讓妳保暖。」她又堅持讓蘋靠著她——她只有一百二十公分高——安全地走下

樓梯。當蘋走進廚房，習慣性地將碗盤放好，小女兒這個小公主堅決地阻止了媽媽：「媽，妳做太多事情了，回去休息。」蘋順從了。

那天晚上，女兒定時向媽媽報告例行的工作進展情況。「我爲自己做了一個沙拉當晚餐」，或者「我正在放水準備洗澡」。

上床睡覺的時間到了，小薔模仿蘋慣有的口氣說：「我到樓下看看還有什麼事沒做好。接著，我會去刷牙、關燈，再上床睡覺。」蘋在毯子下對自己微笑。

隨後，小公主用以前蘋用剩的彩色紙張釘在一起，自製了一本小書。第一頁寫著「媽媽我愛妳！」，第二頁寫著「媽媽妳好美！」，第三頁寫著「媽媽謝謝妳爲我所做的一切！」，第四頁寫著「媽媽妳知不知道自己有多酷！」，第五頁寫著「妳是最好的媽媽！」，第六頁寫著「幹得好，媽媽！」，第七頁結論是「媽媽加油！」。

蘋讀著這本女兒愛的證明，情不自禁地哭了起來。一天以前，蘋還認爲當母親是一份很辛苦、沒有回報的工作，而今天，女兒不僅把她自己和媽媽照顧得無微不至，還保證她深深地愛著媽媽。

女兒那天的表現讓蘋感覺自己的奉獻有回報，這比任何醫藥給自己的力量都大。她到樓下檢查門窗時，忽然對自己的病心懷謝意，因爲它使自己的小公主有一個表現的機

會——也給了自己一個觀賞的機會——讓她發現，女兒其實是一個甜美、善良的小天使。

還有一個這樣的例子。今天是女兒戶外教學的日子，學校安排了一個「大賣場」的活動。

父親下了班後去接女兒，一上車，她拿著一包東西，興匆匆的要爸爸猜她買了什麼。父親猜不出來，女兒要他閉上眼睛，再叫他張開眼時，父親一看，眼眶濕了，因爲女兒幫他買了一條內褲。

母親問滿臉興奮的女兒：「妳爲什麼會想到幫爸爸買內褲？」她答道：「因爲我昨天看到爸爸的內褲破了。」一個未滿七歲的小女生，竟那麼的細心，儘管有的時候她很調皮，但這一刻卻是那麼的讓父母感到窩心。

後來，在一次開母姊會的時候，女兒的老師說，很多小朋友到學校時，都說要幫爸媽買東西，但一到了賣場，看到玩具大特賣，就紛紛買起玩具，只有女兒將「買內褲」這件事當成重要的任務去做，女兒的這一舉動怎不讓父母感動呢？

每一位父母在工作中都是摸爬滾打過來，備嘗艱辛。但是父母在孩子面前總是擺出一張笑臉，唯恐艱難的生活現實會給孩子壓力。這會讓孩子以爲一切來得太容易。如果

父母願意和孩子分享自己的苦惱，那麼孩子會在體諒和感恩中漸漸長大。

父母應該讓孩子瞭解人生是件難事，耐心的講解，平和的對待，讓孩子在生活細節中多說「謝謝」，才會慢慢培養感恩的意識，進而學會付出。

52．把愛作為溝通的出發點

孩子的心靈都是幼小而又脆弱的，所以父母在與孩子溝通的時候，態度一定要溫和，把愛作爲溝通的出發點。

湯姆的兒子威廉和女兒露絲年齡還很小。兄妹倆做了錯事，湯姆警告說，下次再犯就要處罰他們。第二天下班，湯姆發現一對兒女故技重演，根本沒把自己的話當回事。湯姆非常的生氣，但看著孩子們可憐的樣子又心軟了，不忍打罵他們。

湯姆把他們叫進房間，然後解下自己的皮帶，脫下襯衫，光著背跪在床前，讓孩子每人用皮帶抽他十下。當時，孩子都哭得非常傷心，那是發自內心的、悔恨的眼淚。他們不想抽打自己父親，然而大家已經約定好，犯了錯就要受懲罰。湯姆告訴他們，處罰是不可避免的，但身爲父親的他決定替孩子承受。他堅持要孩子用力打滿二十下。兩個孩子邊打他，邊痛哭，比受到最嚴厲的懲罰時還難過。此後，湯姆甚至再沒打過威廉和露絲，因爲他們知道爸爸愛他們，但不會因此而忽視他們的錯誤。所以他們總是特別的聽話，這是出於對爸爸的尊重和愛，而不是怕被罰。

小芬是被外婆撫養大的。母親十八歲結婚，十九歲生下了她。或許是母親那時太年輕吧（根本還是個半大的孩子），當外婆從舅舅家趕來，看到她第一眼時，就決定留下來幫助母親。這一幫，也就窮盡了外婆的後半生。小芬從睡在搖籃裏的一丁點大，到蹣跚學步，再到上學讀書，母親幾乎都沒有爲她的成長操多少心；是外婆用她那隔一代人特有的溫情，庇蔭了她整個童年時代。

「除了餵奶，妳媽連一塊尿布都沒有給妳換過！」這是外婆有一次親口對她說的，小芬笑笑，沒有理由不信。

但是外婆並不是一株常青藤，終有一天會慢慢老去。就在小芬二十歲那年，這棵爲她遮風擋雨的樹突然間倒了。她發現頭頂上的天空變了色，原先的蔚藍化作灰，心也像是被硬生生地挖走了一大塊。她頭一次感到自己是那麼惶惑、無助。當一個人的內心失去了一種愛，便渴望用另一種愛來填補。是的，外婆驟然去世以後，在情感上，她自知比任何時候都格外敏感脆弱，也因此渴望生命中能適時地出現另一個人，用另一雙溫柔的手，帶給她慈愛的撫慰與親情溫暖。她把目光投向了自己的母親，眼巴巴地有所期待。可是什麼也沒有，什麼也不曾發生，就好像外婆還在世的那樣，母親照樣忽略了她的感受。一種說不出來的失落，伴隨著深深的失望，開始一點點把她年輕的心吞噬掉。

她在潛意識中換了一副眼光看待母親。在她冷冷的注視下，母親是個十分粗心大意的女人。從小到大，母親沒有買過一樣禮物送給她，就連一塊小手帕、一雙襪子都沒有過。她也知道，外婆的愛就算是能爲自己撐起一片天，也終不能代替母愛；何況，她已經失去了這片天空。不知從什麼時候起，她開始變得有點苛求母親，寄希望於從母親那裏要回更多的愛。但現實卻充滿了無奈。多少年過去了，與母親有關的那兩件事她怎麼都不能淡忘掉。

那是一個非常冷的冬天，一天，她因爲怕冷，早早躺到被窩裏看書。母親推門進來，在房間裏找東西，隨後轉身離開。她在後面喊：「媽，關一下門，好冷喔！」母親笑著回身關門。沒過多長時間，母親再次進屋，出去時房門仍舊開著。她搓著手，躺在床上又喊：「媽，關門！」母親這回應了一聲：「哦，我又忘了！」然後把門掩上。

等到母親第三次走進房間，她不發一語只是看。當她看到母親自顧自地走出去，還是讓房門大開時，她連叫住母親的心都懶了，只好自己趿著拖鞋跑去關門。

這是一種怎樣的感覺？那個時候她也說不上來，總之有些難受。她想，也許母親就是這樣一個「健忘」的人。

還有一次，她們公司裏員工捐血，她也捐了四百ＣＣ。回家以後她告訴母親，母親說，那明天買點豬肝補補血吧。第二天，她在餐桌上沒有發現豬肝，第三天也沒有，直到半個月、一個月過去了，連豬肝的影子都沒有看到。母親差不多隔一天上菜市場買菜，但偏偏就忘了對女兒的許諾。也並不是說她喜歡吃豬肝，但如果母親能想到她，並能親手爲她做一份豬肝湯，她當時該會是十分幸福的！她再次體驗到這份被忽略的母愛！

親情固然要靠天性來維持，但僅僅只依靠天性是遠遠不夠的，因爲它最終還要靠後天的培育，否則或多或少會有殘缺。這是小芬人到中年，自己做了母親以後，經過反覆思考而得到的結論。她的結論當然還包括最最重要的一點：愛是需要表達的！不管你是透過語言，還是行動，或者是多麼細微的舉止，因爲最深的愛意只有表達出來，才能讓人感受到。

父母教育孩子的時候，不要責罵、恐嚇他們，因爲孩子的心靈就像一張白紙，父母一味責罵他們，會在他們成長中留下陰影。一天，白啓開車穿過故宮附近的隧道，往左拐向大路的時候，看見一輛黃色計程車在他前方的路邊停下，一個小女孩由後門下來，接著車子就匆匆離開了。

這原來是再普通不過的事情，但是當白啓的車子轉過來之後，眼角卻瞥到那個小女孩哭喊著追趕車子，中間還絆倒了一次，又爬起來沿著路邊追。那輛黃色計程車卻繼續加速往前開。

白啓的反應是立即把車子靠到路邊停住，他的後面幾十步路是那個哭著、喊著，卻因爲再也見不到原來的車子而只好待立在路邊的女孩。在白啓前面十幾個車身的地方，那輛黃色計程車慢了下來，同時也貼著路邊停下。

白啓自認爲不是個愛管閒事的人，然而這樣把孩子丟在馬路上的事卻實在不能不管。他下車向那孩子走去，短髮、瘦小，但是肯定有九歲或者十歲的年齡了，穿著一身花裙，腿上有著剛才擦破的淺淺傷痕，正在那裏大哭著，哭聲中透著絕望。

白啓向她輕聲說：「小妹妹，別怕，不要哭。」試著想拍拍她。

孩子還只是個孩子而已，對一個陌生人的靠近有著本能上的畏懼。她向後退了一步，不肯讓白啓碰到她，卻又感覺到白啓可能是她惟一的希望，因此也不逃開，就站在那裏繼續哭泣。白啓只好站在她旁邊等著。

不遠的那輛車子終於有了動靜，車門打開了，一個男人從駕駛座上下來，向白啓他們走了過來。他一邊走，一邊狠狠地指著女孩說：「這樣壞的孩子丟掉算了！」

這時，白啓才清楚，原來整個事件是父親在教訓他的孩子。年輕而又疲倦的父親非常生氣地向白啓解釋，說這孩子有偷錢的壞毛病，已經丟過她、嚇過她一次了，沒想到還沒過多長時間又再犯。

白啓也不知道該如何把自己的意思說清楚，只好反覆地向他說，孩子不聽話可以罵，但千萬不要這樣嚇她，這對孩子的心靈百害而無一利。

接著白啓才發現，不知道什麼時候，小女孩竟然抓著他的衣角。

男人領著孩子，向白啓淡漠地點了一下頭就轉身走了。

遠處那輛車子旁邊站著的可能是他的妻子，她手中還牽著一個更小的孩子。女孩乖乖地跟隨著父親，沒有再回頭看白啓。然而白啓似乎還能感覺到她瘦削的前胸所傳出來的劇烈心跳，就如同一隻受驚的小獸，那小小的心臟跳動得就像是要蹦出來一樣。

對一個十歲左右的孩子來說，這確實是一場非常大的驚嚇與傷害。可是，那個父親是那樣理直氣壯！他覺得自己所做的這一切都是爲了他的孩子。那天，在心裏責怪那個男人的同時，白啓開始害怕起來：成人的標準和成人的愛，在某一種極端的固執裏，竟然能夠對孩子構成這樣大的傷害。

爲人父母的你，是不是也曾經有過不完全相同，卻又非常相似的理直氣壯經驗？是

不是也曾經在一些自以爲是的時刻裏，在不同程度上傷過自己的孩子？

在孩子的心裏，是不是也有著你在無意識中刻下卻再也無法消除的傷痕？如果是，那麼你就不是一個成功的父母。因爲，一個成功的父母會把愛作爲溝通的出發點，也只有這樣，孩子才會健康的成長。

53．站在孩子的立場考慮問題

每一個孩子都被他的父母所愛著，然而，有的父母給愛的方式卻有些問題，導致孩子與父母之間產生了所謂的「代溝」和衝突。

這是日本名導演北野武的故事。

只要一想到母親，北野武就頭疼，因爲母親總是向他要錢，只要他一個月沒有給家裏寄錢，母親就打電話對他破口大罵，像討債一樣，而且北野武越出名，母親要錢就越凶。這使北野武痛恨媽媽的「死要錢」。

後來母親去世了，他回故鄉奔喪。

辦完喪事，北野武正要離開家的時候，他的大哥把一個包袱給了他，對他說：「媽媽交代我一定要給你。」北野武難過地把小包袱打開一看，原來是一本銀行存摺和一封信。

「小武，你收到這封信的時候，媽媽已經不在你身邊了。你們幾個兄弟姐妹當中，媽媽最憂心的是你。你從小不愛念書，又愛亂花錢，對朋友太過慷慨，不懂理財。當你

說要去東京打拼，我時刻都很擔心你。有時半夜驚醒，向神明爲你祈福，怕你在東京變成一個落魄的流浪漢，因此我每月向你要錢。一方面希望可以刺激你去賺更多的錢，另一方面也爲了儲蓄。

我知道，爲了這些錢，你討厭我，不願經常回來看我，我多麼痛心……你過去給我的錢，我現在要還給你……兒子啊，我多麼希望能夠親手給你這些錢——你的母親。」

存款是用北野武的名義開的戶頭，金額高達數千萬日元。

教育孩子的時候，不要把大人的尊嚴放第一，要學會站在孩子的位置上考慮問題。比如說家長帶著孩子去做客，大人見面後就愛聊天，往往沒有考慮到孩子的處境。這個時候，他們覺得無趣，就鬧著要回家，如果引不起你的關注，他會故意胡鬧來引起你的重視。此時，父母要站在孩子的立場來看問題，下次再到別人家做客時，就要認眞思考一下，給他們安排些什麼活動，這樣就不會有類似的事情發生了。

一位在澳大利亞訪問歸來的老教師，談到赴澳見聞時說：「在澳大利亞的這一段時間，印象最深刻的就是澳大利亞的家長總是蹲著和孩子說話。第一次見到這種情景，是在朋友家。一個周末，他們請了一對年輕夫婦和孩子來吃晚飯。當這個兩歲多的孩子吃飽了，要下桌去玩時，這位家長蹲下來對小孩子說話。我感到非常的吃驚，以爲是這位媽媽特有的教育方式而未再多問。又一個周末，學校的一位秘書貝麗請我住到她家，共度兩天周末，我又一次見到這動人的情景。

貝麗有一對可愛的兒女，當我們一同去超級市場時，由於姐姐先坐進汽車，四歲的兒子爲此而不高興了。

貝麗在車門口蹲下，兩隻手握住兒子雙手，臉對臉地目光正視著孩子，用充滿誠懇的口氣說，『羅艾姆，誰先坐進汽車並不重要，對嗎？』羅艾姆看著媽媽會意地點點頭，鑽進汽車並挨著姐姐坐下來。

第二天上午，我們和孩子們去公園玩，羅艾姆和姐姐跑跑跳跳，到湖邊去看戲水的鴨群時，不小心摔了一個跟頭，他的大眼睛裏盈滿了眼淚，都快要流出來了。這個時候，麗貝又很自然地蹲下來，親切地對兒子說，『你已經不是小寶寶了，對不對？你是個大男孩，摔一跤沒關係的，對嗎？』這時，我也學著在一旁蹲下來，面對著羅艾姆說，『是的，你是個大男孩，對嗎？』孩子一下子就將眼淚收住，很高興地去玩了。」

這一教育方式，對於從小培養孩子獨立自尊的人格非常有幫助；它能促使孩子認眞對待自己的問題或缺點，也爲孩子創造了樂於接受教育的良好心境。

假如我們總是站著面對孩子，我們與孩子的距離，就不僅是身高上的幾十公分差，

而是上代人與下代人之間的距離，是一顆心與一顆心之間不能溝通的距離。蹲下來傾聽，營造出來的是一種民主、和諧的相互尊重關係，這是比任何舉動都更爲重要的事。

站在孩子的角度考慮問題，站在孩子的角度去理解他的內心感受，站在孩子的角度去說好每一句話。簡單點說，站在孩子的角度，就是要學會進入他的內心，瞭解孩子的所思、所想和所盼，這樣交談才能流暢、愉快和有效。比如，當母親聽到女兒說：「媽，我們今天考數學了！」可以對女兒說：「是嗎，媽媽相信妳這次一定比上次考得好。」女兒回答說：「八十二分，比上次高十分呢！」母親應該說：「都提高十分啦，眞是太了不起了。我說了妳很有潛力吧，媽媽相信妳一定還會進步！」女兒聽到母親的肯定後必定會大受鼓舞，這樣對話就能順暢地進行。

當孩子取得成績時，父母一定要與他一起高興，給予他表揚和鼓勵，讓他體驗到成功的喜悅。這不但能拉近親子關係，還可以激發孩子的學習動力，使他更加努力。在孩子遇到困難和失敗時，要給他支援和安慰，不要雪上加霜地數落他，這樣孩子才會有信心。如果發現孩子不高興，也不要埋怨和嘮叨，要引導他把煩惱和痛苦宣泄出來，讓他感受到父母的愛。時間長了，孩子就能感覺到父母像夥伴、像朋友，在心裏接受你，主動與你交流，並按照你的要求去行動。

站在孩子的角度，是對他的尊重，也是與人溝通的一種技巧。它能避免孩子的戒備和猜疑，消除對話過程中的不愉快，使我們更貼近孩子，傳遞我們的看法，使溝通朝著期望的方向進行。

54・帶著微笑發怒

父母應該多與孩子溝通，不管孩子做錯了什麼事情，都不應諷刺、打罵、挖苦、貶低。心理學家指出，與身體受虐待的孩子相比，精神上受虐待的孩子在成長過程中所遭受的心理傷害會更深。話是開心的鑰匙，而不良的言語只能使孩子產生厭惡、恐懼及憤怒。爲了孩子的身心健康，父母一定要給他們創造寬容、溫馨、民主、上進的氣氛，多一點理解和關愛，少一點斥責，才能有利於孩子的健康成長。

每一個人（包括孩子）都喜歡受到表揚，而不喜歡被批評。但是人人都應該學會坦然接受批評，這對於他的成長是有好處的。法國心理學家高頓教授的一項專題研究證實，那些難以接受批評的孩子長大後，大多會對批評持「避而遠之」或乾脆「拒之門外」的態度。因此，父母應該讓孩子在幼兒時期就學會接受批評，這不僅能夠塑造孩子完整的人格，而且可以幫助孩子在其他方面取得成功。

我們提倡賞識教育，但是只聽好話並不利於孩子的成長，父母應該有意識地肯定孩子好的一面，同時對不良方面提出批評意見。當然，批評孩子的語氣要溫和，批評孩子的缺點應該中肯。父母還要告訴孩子，在接受他人批評的時候要認眞傾聽，持平和的心態，有則改之，無則加勉。

處於青春期的孩子獨立意識很快地發展起來，重視自我，無論是對父母還是師長都會有「封閉」傾向，這是正常的，責怪孩子不與父母溝通交流的家長是對孩子的心理特點缺乏瞭解。回想一下，身爲父母的自己不是也有過與孩子相似的經歷嗎？一般從小學高年級以後，孩子最看重的是同儕對自己的評價，而父母對自己的評價相對就顯得不是那麼重要了。有時孩子不聽話，變得出人意料地固執，就是這個緣故。而家長不能理解和尊重孩子對夥伴的重視，也是產生代溝的因素之一。

星期天一群男孩邀約去郊遊，由於是自發組織的，孩子們非常高興。其中一個男孩回家告訴父母，父母不允許孩子去，說那個地方有什麼好玩啊，眞要想去，我們帶你去更好玩的地方。孩子不同意，說自己已經答應負責野餐的用具了，是不可能不去的。父母說：「你們自己去我們不放心，如果必須要去的話，那我們和你一起去。」孩子急得直跺腳，但父母就是不答應。第二天，一群孩子約齊在門口集合，可這個孩子的父母就是不答應，其他孩子不滿地走了，說：「眞沒有用，這麼大還要爸媽管！」孩子聽了委屈得直哭，母親卻說：「他們說什麼沒用，我們知道你有出息就行了，老師說你有出息

才是有出息。」孩子聽了更難受，於是又爆發一場衝突。這位母親的話當然是有欠妥當，對男孩來說，夥伴的評價比父母老師的評價重要得多，是孩子最看重的。母親以爲兒子還是三五歲的小孩，只要媽媽說一聲「乖！」就心滿意足了。

受封建倫理觀念的影響，東方父母常會認爲孩子是自己的私有財產，自己擁有絕對的權威和尊嚴，孩子必須聽自己的話，沒有給孩子足夠的尊重和信任，專橫跋扈，不講民主。不分時間、場合，不講方式，不問情由的嘮叨說教和批評指責，沒有考慮到孩子是否有能力承受。

孩子想做某件事，父母可以用自身的經驗去告訴他們會有什麼後果。萬一他們不聽，還要去試，而且結果正如大人所預告，千萬不可譏諷他們：「早跟你說了，活該！」這樣他以後有事就不跟你談了。

爲了讓孩子更願意接受你的意見，父母要學會帶著微笑發怒。

父母的微笑是教育子女的有力臂膀。當孩子淘氣、不聽話、犯錯時，請父母試著微笑地對孩子說理，相信這一微笑教育的效果必定可勝於嚴厲的訓斥。寬容的微笑使孩子自覺理虧，自然更容易聽進父母的教誨之言。父母用寬容、理解的微笑，不但教育了孩子，這微笑還贏得了孩子的心與孩子的敬重。

父母的微笑、平和的心態是培養孩子陽光性格和健全心靈的重要保障。孩子是父母的一面鏡子，言傳身教自然意義重大。〇至三歲的嬰幼兒，由於父母的微笑而奠定開朗樂觀的性格；三至六歲的幼兒，因爲父母微笑的關愛而懂得珍惜生活、關愛他人；入學後的孩子，更會因爲獲得父母的微笑而自信。父母帶著微笑，一步步的讓孩子走出精彩、走向成功。

55．不能僅憑一張成績單全盤否定孩子

科舉時代遺留的過時觀念，依然根深柢固於人們的心中，絕大多數的父母都是單純地以學校成績代表一切。父母的工作就是用所有的威逼利誘、苦肉哀求來達到飛黃騰達的目的。

然而很多的事實擺在面前。碩博士找不到工作，一流學府的畢業生現在也只能混口飯吃。在學校的成績並不代表一切，良好的能力、活力、毅力、性格，才是一生平順的重要條件。

很多父母一心盼望著子女有朝一日能出人頭地，因此對孩子的成績過分關注。成績高就一片讚揚，成績低就橫眉冷對。不同的複習評量、測試題應有盡有，星期六、星期日還要將孩子送到各種補習班，致使他們的大腦一直處於緊張狀態，沒有一點兒休息的時間。孩子們背負著父母過重的期望，使稚嫩的身心一次一次地受折磨。

有的父母一看到孩子的成績不好，臉很快就沈下來：「怎麼考得這麼差？！真丟人！」或者：「你的書怎麼讀的？真是蠢死了！」孩子沒有考好，本來就很自責。人人

都有羞恥之心，孩子也不例外，所以這個時候最需要的是親人的關懷，特別是父母的關懷。如果這時父母能更加關心他一些，幫助他將失敗的原因找出來，鼓勵他從中記取教訓，努力學習，孩子很可能會加倍地奮發努力，趕上進度。反之，如果像前面所講的那樣一味指責，孩子只會更加悲觀、失望，甚至還會產生反抗的情緒：「丟人就丟人，我笨，我學不好！」甚而自暴自棄。

有這樣一位母親，兒子上小學，母親出席母姊會，老師說：「全班五十名同學，妳的孩子第四十九名。」母親難過得哭了，回家看到兒子卻假裝很高興對兒子說：「老師說你很聰明，只要認眞一點就好了。」兒子上中學，母親參加母姊會，老師說：「妳的兒子考不上好高中。」母親又哭了，回家後，她卻告訴兒子說：「老師說你很不錯，只要努力就能考上好高中。」孩子上高中，母親參加母姊會，老師說：「妳兒子只能上個普通大學。」母親不甘，回家對兒子講：「老師說，只要你加把勁，就能考上明星大學。」最終這個孩子考取了清華大學。

孩子的考試成績不管是好還是壞，都要多一些鼓勵，少一些責備和批評，使其考好了不驕傲，考砸了不氣餒。孩子成績考得好，有的家長就會讚揚孩子：「我很高興，我以你爲榮！」有的家長則會鼓勵孩子：「考得不錯，證明你的汗水沒有白流，你是有潛

力的！」這兩句話，第二句效果會更好些。因爲後者對孩子做出肯定，孩子得到的是成功的喜悅，是繼續學習的信心，是前進的動力，以促其不斷進步。前者是站在父母自己的角度，可能讓孩子從此驕傲起來，而且變得唯父母的好惡是從。而學習差的孩子，要想得到表揚是較爲困難的。要讓孩子學會提高心理承受能力，當孩子考得不好時，家長不應一概責備，要幫助其分析原因，讓其學會找出問題的徵結，並要鼓勵其樹立信心，以便能夠在下一次的考試中爭取表現。

不要因爲一次考試不利，就全盤否定孩子，而應給予鼓勵，讓孩子樹立信心，從而不斷地在學習中進步。

56．孩子犯錯時，父母不要急於批評他

隨著孩子年齡增長，他們的自主意識也逐漸增強，這時父母要學會當一個好聽衆。因爲他們不願意被動地受別人訓導，因此家長應該對孩子的意見表示很感興趣，成爲孩子傾訴的對象。要重視孩子說的話，尤其是一些孩子不願公開的事，家長應看成是孩子給你的禮物。他們認爲你是自己信得過又尊重、並理解自己的人，所以對你敞開心扉暢所欲言。

有個十三歲的中學生，別人的自行車丟了，懷疑是他偷的，父母知道後第一反應就是動手打他。孩子不停地辯解自己是冤枉和無辜的，父親卻一點兒也不相信，只是強調丟了家人的面子，沒臉見人，最終導致孩子自殺。倘若家長平時多與孩子溝通，充分瞭解自己孩子，就不會出現這樣的悲劇了。沒有信任就沒有教育。

父母不應該把孩子只是看作孩子，還要將他們看成是已經有獨立意識、能分析和判斷、有一定的解決問題能力、正在慢慢走向成熟的人。父母應該是開明、民主、善解人意的朋友和導師。

要對孩子有足夠的肯定，公正地評價孩子。不要當著別人，特別是孩子的同伴面前批評孩子，以免挫傷了孩子的自尊心。

許多父母受傳統觀念的影響，不太尊重孩子的自主性和獨立性。以爲「父爲子綱」，父母是絕對的權威，不論正確與否，子女一定要絕對服從，與孩子的交流溝通往往是單向的，我說你聽，我吩咐你照辦。有的父母出於疼愛孩子，擔心孩子的身體，擔心孩子的學習，擔心孩子的品行，因此整天無微不至地關照自己的孩子，上學前不停地叮囑，放學後又反覆詢問，把孩子的自主性、獨立性和內心感受給完全抹殺掉。時間久了，不僅讓孩子感到父母「煩人、囉嗦」，父母的威信也因此降低。這些習慣對培養孩子健全人格沒有一點好處可言。

有個孩子放學回家後，氣鼓鼓地對媽媽說，在課堂上，坐後面的同學捅他，他反手將同學的書扔到地上，兩人就打了起來，老師狠狠訓斥他們，讓他們寫悔過書。孩子認爲自己很委屈，所以很激動，大聲喊叫著。母親早就聽得不耐煩，很想罵罵他，然而恰巧那天咽喉痛，說不出話。孩子滔滔不絕地說完之後，對母親說：「難得媽媽今天讓我把話說完。」第二天孩子交了悔過書，承認錯誤，因爲他明白自己不該扔書，更不能與同學動手打架。

孩子到了高三，直接面臨升學考試的壓力，心理負擔重，情緒也往往不穩定。可能因一次考試失利而自卑，也會因感情問題而困擾；更嚴重的會因迷戀網路遊戲而由荒廢學業。家長必須要學會察言觀色，準確瞭解孩子的內心世界。

當孩子因一點小事對你發火，跟你頂嘴時，你一定要控制住自己的情緒，想到他可能是心裏有事。因此你要冷靜地克制住自己的怒火，即使是孩子錯了，也要等雙方的心情平靜下來，再心平氣和地與他交流，告訴他在哪裡犯了錯誤，並希望他以後改正。與孩子交流時，態度要溫和，語氣要親切，措辭要委婉，要以平等的姿態。切忌居高臨下，用責備、質問的語氣跟孩子說話，更不能採取打罵的粗暴方式，因爲那樣做的結果只會激化對立，既不利於問題的解決，又加深了彼此的隔閡，甚至有可能造成孩子因賭氣而離家出走。

當孩子有感情問題時，父母千萬要慎重處理，不要馬上就向老師反映，也不要隨便跟同學打聽，一定要謹慎地和孩子談一談。俗話說「解鈴還需繫鈴人」，只有孩子自己有了正確的認知，才能從根本解決問題。倘若家長認爲不方便和孩子當面交談，也可以選擇書信的方式。用這種方法跟他交談，對孩子理性思考和接受你的觀點會有很大的幫助。首先，要肯定他的感情是純潔而又美好的，與此同時，也要對他說明現階段第一重要的事。

老王一天下班回家，讀高中的兒子對他講：「爸爸，我看上我們班一個女同學。」老王說：「那好啊！但是，兒子，爸爸想告訴你，如果你將來想在我們鎮上發展，你就在鎮上解決；如果你想到鄉裡發展，你就到鄉裡解決；如果你想到台北發展，你就到台北解決。」兒子聽了父親的話，想了一會說：「那我還是以後再考慮吧。」這位父親的教育方法很值得家長們學習。

列寧小的時候十分活潑好動。八歲那年，母親瑪麗亞帶他去阿尼亞姑媽家做客。在姑媽家玩耍的時候，他一不小心把姑媽家的一隻花瓶打碎了。當時誰都沒有看見，姑媽問孩子們：「是誰把花瓶打碎了？」

別的孩子都說：「不是我！」

列寧害怕受到懲罰，因此也跟著大家說：「不是我！」

然而，列寧的母親已經猜到花瓶是列寧打碎的。是否要當場揭穿他呢？列寧的母親認真考慮了一會兒，她並沒有把實情當場說出來。在接下來的三個月裏，母親一直保持沈默，她在等待列寧發現自己的錯誤並勇敢地承認。

最終，母親的沈默讓列寧深深感覺到自己的錯誤，他一直在掙扎是否要對母親說出

實情。

終於有一天，臨睡前，母親走到他跟前，慈愛地撫摸著他的頭，然而終究是沒有說話。列寧受不了心裏的自我譴責，忽然大聲哭了起來。他對母親說：「我騙了阿尼亞姑媽，花瓶是我打碎的！」

看到兒子能夠勇敢地承認錯誤，母親高興地笑了。她安慰兒子說：「你承認錯誤就是個誠實的孩子，我會給阿尼亞姑媽寫信，姑媽一定會原諒你的。」

因此，在孩子犯錯的時候，父母不要急於批評孩子，應該讓孩子學會承認自己的錯誤，只有這樣孩子才會改掉這個錯誤。

57．寬容不是放縱

寬容與放縱是不可同等而語的，寬容教育出來的孩子會有一顆包容善良的心；而放縱教育出來的孩子卻只會走失敗的道路。

探監室裏，小輝望著爸爸媽媽離去的背影，心裏默默禱告：不要捨不得錢，快點把我救出去。

父母一而再再而三的安慰，小輝卻絕望透頂了。在憎恨、詛咒父母中，他迎來了新的一年。父母剛剛留下的一大堆安慰話語都模糊了。小輝用被子把自己帶入一個視覺的黑暗世界，從此天天苦思爲什麼遭遇了這十五年的牢獄之災。

上幼稚園的時候，小輝與小朋友打架，兩人都狼狽不堪。回到家，父母告訴他，今後要是有小朋友打他，能找什麼就用什麼，使勁的打，打壞了，爸爸媽媽花錢擺平。第二天，他發現那個與他打架的小朋友就是不和他一塊玩。問他爲什麼，那個小朋友說：「我爸媽告訴我要學會保護自己，與可能傷害我的人保持距離。發生問題的時候要向老師求救。回家要告訴爸爸、媽媽。假如別人打我，要學會用一切能夠利用的東西保護自己。」小輝困惑極了，自己的爸爸媽媽不是這樣說的。

上小學，小輝又與同學動手了。他順手把一塊石頭拿起來K破對方的頭。爸爸、媽媽花錢給那個孩子看病，回來卻對小輝說：「做得好，爸爸媽媽給你撐腰。」老師把小輝的爸媽找到學校，要他們領著小輝向那個受傷的孩子和家長道歉，教育孩子不要對同學大打出手。但是媽媽說：「一個巴掌拍不響，別人不惹我們，我們小輝也不可能去打他。」小輝覺得媽媽說得很合理。心想，誰讓他告訴老師是我把教室的玻璃打破的。小輝媽媽說多給點錢可以，道歉別想。

上高中了，小輝開始住校。學校的管理非常嚴格，平時不讓住宿生出校門。然而小輝受不了外面網咖的誘惑，跳牆出去上網咖。學校要小輝請家長，小輝對媽媽說，承認跳牆得罰款。於是小輝媽媽質問老師有什麼證據可以證明小輝跳牆了，說抓住小輝跳牆的老師誣陷小輝，聲稱要告到教育局去，讓那位抓住小輝跳牆的老師好看。校長害怕事情鬧大，就逼著那位忠於職守的老師給小輝媽媽道歉，方才罷了。小輝這回更加肆無忌憚了，他開始不顧值班老師的勸阻，大搖大擺地從校門出去。值班老師拉住他，他硬往外跑，卻說老師把他拉倒了。懾於小輝家長的淫威，校長又逼迫那位值班的老師給小輝道歉。小輝再出校門時，雖然值班老師阻止他，卻不敢再拉他。

後來，小輝因爲在網咖與人打群架，把別人打傷致殘，被判了十五年。小輝媽媽到法院起訴學校，法院以學校管理不周，有一定責任爲由，判處學校賠償三萬元。

小輝媽媽又鬧到檢察單位，反咬說是某某受賄，那個受她賄賂的司法人員也被判了刑。但是小輝仍舊在監獄。儘管小輝媽媽不知有行賄罪，事後又自首，被從輕判處有期徒刑一年，緩期執行，罰款六萬元，但這個家已經不成家了。父母縱容教育出來的孩子，不但毀了孩子，也毀了整個家庭。

孩子年齡小，難免有時做出錯誤判斷，這時，做父母的一定要寬容對待他們，但絕不是放縱，答應他們的不合理要求。大衛．李嘉圖是一位著名經濟學家，九歲的時候，有一次父母帶他去商店。大衛看到櫥窗裏一雙帶皮毛的漂亮皮鞋，特別的喜歡，就吵著要父母買下來。母親答應了，父親卻不肯，因爲這是一雙木頭做的鞋子，孩子穿上會很不舒服。

大衛哭鬧著執意要買。父親想了一會兒，就對大衛說：「我可以給你買這雙鞋，可是你要答應我，買了以後你一定要穿，不然我就不買給你。」

大衛想著可以買自己心愛的鞋，高興地答應了。

但是鞋子買回來後，大衛才發現穿起來會「喀噠喀噠」作響，十分的不舒服。長時間穿，腳會很累。現在他才明白父親之所以不讓自己買這雙鞋的原因，自己確實太虛榮了，現在穿這雙鞋子簡直就是受罪。此時，大衛已經意識到自己的虛榮，他甚至願意付出所有的代價，只要能不穿這雙鞋子。

聰明的父親看出了大衛的後悔，他對大衛說：「孩子，我並不是非要你去穿這雙鞋子，但是你要學會反省自己，不要讓自己陷入欲望的陷阱。」

儘管父親沒有強迫大衛再穿這雙鞋子，但是大衛覺得應該給自己一個警惕。於是他把這雙鞋子掛在自己房間容易看到的地方，讓它每天都提醒自己不要任性，虛榮心不要太強。

大部分父母常常會替孩子承擔做錯事的後果，這是非常不明智的行爲。這不僅讓孩子失去責任心，更使他不懂反省自己的錯誤，一而再、再而三地犯相同的錯誤。所以，明智的父母是不會爲孩子的錯誤承擔後果的，而是讓孩子自己來承擔做錯事的後果。

寬容是孩子心靈成長的氧氣，很多家長不能原諒孩子犯下的一些小錯誤，經常指責孩子，在這種指責聲中長大的孩子既不會寬容別人，也不會寬容自己。但這種寬容絕非放縱，放縱只會讓孩子跌進深淵。

58・學會賞識你的孩子

學會賞識是一種教育藝術。霍姆林斯基是一位非常著名的教育家，他曾說過：「你在任何時候都不要給學生打不及格分數，成功的快樂是強大的情緒力量，它可以促進兒童好好學習的欲望。」是的，渴望得到賞識是人性中最本質的需求，就精神生活而言，每個幼小的生命都好像是爲了得到賞識來到人間，誰也不是爲了挨罵而活著。

賞識，其本質是愛。學會賞識，就是學會愛。「賞識導致成功，抱怨導致失敗」，這是一位偉大的父親透過自己十多年的教育經歷總結出來的教育心得。這位父親名叫周弘，他的女兒周婷婷是一名聾啞兒童。然而，在周弘的「賞識」教育下，周婷婷不僅能聽會說，還充分將自己的各種潛能發揮出來，享受了更多的人生幸福和成就感，最終成爲一名大學生。

孩子「行」與「不行」，很大程度決定於小時候父母和老師怎樣看待他們——是爲他們打氣？還是給他們洩氣？任何孩子都有很多潛能，潛能的發揮與成人對他們的賞識是密不可分的，投以欣賞的目光，興趣就很可能轉化爲特長，讓孩子創造出奇蹟。一位

鋼琴老師說，討厭學鋼琴的孩子不在少數，眞正喜歡學鋼琴的孩子可以說是很少的。

她的班上有一個叫小新的男孩，有一天寫了這樣一篇日記：

一天晚上，我做完所有的作業，在家裏練琴，屋裏靜悄悄地，忽然我一回頭，發現爸爸媽媽都坐在床邊靜靜地聽我彈琴，媽媽的眼裏滿是淚水。我忙問：「媽怎麼了？」媽媽笑了：「沒什麼，你彈得太好了，聽兒子彈琴是爸爸和媽媽一天中最高興的時刻，你的琴聲把我們一天的疲勞都趕跑了。」眞沒想到，我的琴聲力量會有這麼大。還有一次，客人來我家，爸爸叫客人坐下來聽我彈琴，還輕聲對客人說：「瞧，我兒子彈得多好，聽他彈琴是一種享受！」客人聽了一會兒，稱讚道：「眞沒想到，二十一世紀的音樂家就出在你們家！」我聽了，感覺自己眞的成了二十一世紀偉大的音樂家，更陶醉在音樂世界裏，那種感覺眞的是非常棒！

這孩子後來去考檢定，連連順利升級。

小新的經驗給他的鋼琴老師很大的啓發，在孩子對某件事萌發興趣時，父母和老師不應是挑剔者，而應該是喝彩的觀衆。對於絕大多數的孩子來說，發展特長並不是爲了專業，而是爲了培養興趣，提高素質。家長一天到晚揮舞著棍子鞭策跟孩子，還不如讓孩子自己學。賞識，是激發孩子興趣最好的營養劑，挑剔、訓斥、打罵可能會培養出琴

師，但絕不會培養出藝術家！因爲只有強烈的興趣和執著的韌性才能創造天才；只有濃厚的興趣才能使人在某個領域內成爲出類拔萃的人物。

聰明的父母不要吝嗇你的讚美，特別是對年齡小的孩子。事實上，年齡小的孩子做好一些「簡單」的事已經很不容易了。而良好的習慣和驚天動地的成績就是由這些「簡單」的行爲累積成的。父母慷慨地讚美小朋友的努力，年齡愈小愈要讚賞，隨年齡的增長也不要忘了提升讚美的標準。

讚賞能夠使孩子在心理上感受到肯定的強化作用。孩子在受到表揚時，會感到無比的愉快，這種愉快來自於他的成就感和父母情緒的感染。因此在讚揚孩子時，大人的態度要熱情，表情要親切，孩子自然就會感到倍受鼓舞。

有很多家長對孩子盲目讚美，過度誇張，使讚賞顯得虛假、不實在。現在的孩子心理成熟早，特別是有了一定判斷力的大孩子，他會揣摩父母言語中的眞實性，假如讚賞失眞，被他識破，讚賞就失去應有的效果。所以，家長更要講究措詞得當，不過分誇張，要能表揚到他心坎上。就拿學習成績來說吧，孩子考得並不是很好，你爲了鼓勵他，不打擊他的自信心，仍說：「沒關係，你考得不錯。」就顯得不眞實，沒有份量了。如果說：「這次考試，我看出你的潛力並沒有完全發揮出來，你花在學習上的時間

還不是很多，假如下次再努力一點，你會比現在考得更好。」這樣既暗示了學習要努力刻苦，又不會讓孩子垂頭喪氣，增添了新的動力。

孩子不可能對每一件事情都精通，多才多藝的人畢竟是少數，孩子總有他的強項和弱項，對於弱項如何鼓勵讚賞呢？比如，孩子明知道自己美術不是很好，你也清楚他沒有繪畫天賦，但你又不能將他的這項喜好給扼殺掉，希望他能儘量畫得好些，你可以這樣說：「儘管你的畫沒有別人畫得好，但比我小時候畫的好多了。你自己平時太少練習畫畫，起步較晚，而別人在很小的時候就畫了很多了。假如你現在開始堅持每天畫一幅畫，用不了多久，你一定會有進步。」

這樣客觀地幫他將原因分析清楚，並把原因歸於努力的多寡，就不會失去眞實性，又能讓他信服你所說爲實，並願意繼續努力下去，從而也培養了刻苦學習、克服困難的優秀學習品質。

由此可以看出，讚賞是要講究策略和技巧的。家長應該儘量少說重覆性的、單調的讚賞，多揣摩富於變化的、眞正能打動孩子內心的讚賞語言，學會有針對性的、有建設性的以及客觀性的讚賞。只有這樣，才能把讚賞的最佳功效發揮出來，促進孩子各方面健康成長。

一個成功的父母，必然會賞識自己的孩子，也只有這樣，父母才會跟孩子建立良好溝通關係。

第七章

理解溝通，寬嚴適中

父母關心愛護自己的孩子是人之天性。但愛而不教，管而不嚴，也達不到教育的目的。因此，父母在教育孩子時，要把關心愛護和嚴格要求結合起來，做到愛而不溺，嚴而不厲。用理解寬容的心態和孩子溝通，力求做到寬嚴適中。

59．愛而不溺

有道是「可憐天下父母心」，關心愛護自己的孩子，是父母的天性使然。父母的愛是培養孩子良好品德和行爲的感情基礎，沒有這種愛，就談不上家庭教育。但如果父母只懂愛，卻不懂得用愛來教育孩子，管理孩子，就不能達到教育的目的。

溺愛的父母對孩子的不良品德和習慣包庇護短，久而久之，就是以他們的愛促成了孩子自私、任性、專橫、跋扈、爲所欲爲。如果就這樣任其發展下去，其後果是不堪設想的。愛是需要代價的，愛也能造成代價，希望天下父母不要讓自己的愛變成對孩子的傷害。父母對孩子的愛應該做到愛而不溺，但如何才能作到愛而不溺呢？

父母對自己孩子的關心愛護，應以有利於孩子身心健康爲前提，離開這個前提就容易與望子成才的願望背道而馳。父母對孩子的愛應該是理智的，有分寸的，否則就會成爲孩子身心畸形發展的禍根。

不少父母把對孩子的關心愛護變成了溺愛，尤其在獨生子女家庭中，更爲嚴重。祖父母和父母把孩子視爲「小公主」、「小皇帝」，一味地嬌慣，偏愛和護短，對孩子的

要求百依百順，不糾正孩子的不良品德和習慣。吃飯穿衣一切事務都由父母包辦代替，孩子讓父母幹什麼，父母就幹什麼，一切以孩子爲中心，使孩子過著飯來張口，衣來伸手，好逸惡勞的懶惰生活，事事爲所欲爲，這是促使孩子走上不幸道路的開端，値得每位父母警惕。

父母溺愛孩子的形式各種各樣，但這些父母都有一個共同特點——不把孩子看成是國家和社會的未來，而是看成個人的私有財產，忘記把孩子培養成爲現代有用人才的基本目標。溺愛的結果害了孩子，自食其果的是孩子的父母。由於父母的溺愛使孩子養成惡習，難以管教，給家庭和社會造成危害。

父母在關愛自己的孩子時，應首先做到有理智、有分寸。要讓孩子感到父母眞摯的愛，使其感受到家庭的溫暖，能激發其積極向上的願望，讓孩子關心父母和其他家庭成員，並逐步要求孩子做一些力所能及的自我照顧和家務勞動，這不僅有利於培養孩子熱愛勞動、關心他人的好品德，也有利於培養孩子的智力和自理能力。

其次，父母要正確對待孩子的要求。每個人都是有需求的，而且往往是無止境的。對孩子的需求要具體分析，要以有利於孩子的身心健康，並符合家庭的實際經濟狀況爲前提，不可百依百順，有求必應。過分地滿足孩子的需求，很容易引發孩子過高的欲

望，並得寸進尺，最終養成越來越貪婪的惡習。父母一旦無力滿足其需求時，勢必引起孩子的不滿，致使難以管教。當其欲望強烈而又得不到滿足，就容易走上邪門歪道，這是每位父母都需要注意的。

最後，對於孩子的某些合理要求，如果家庭情況允許的話，就要儘量滿足。如孩子要求給買一些有利於增長知識、開發智力、豐富精神生活的書畫及必要的生活娛樂用品，一般應給予滿足。若父母一時難以辦到，應向孩子說明理由。在教育孩子時，父母既要積極爲促進孩子的身心健康創造條件，也要教育孩子注意節約儉樸，防止他們養成揮霍浪費的不良習慣。

愛而不溺，嚴而不厲，這才是做好父母的標準。

60．寬嚴有度，做合格的父母

父母教育子女，一向提倡理解溝通，然而在理解的基礎上也要做到寬嚴適中。每個孩子的健康成長都與父母息息相關。在教育孩子的過程中，父母要充分相信自己的孩子，相信就能給孩子信心。然而即使是這樣，也得有個分寸，不能一味地相信孩子說的每一句話，明知說謊不對，就絕不能寬容，一定要放亮雙眼，該嚴就嚴。

凡事總要講究一個度，教育孩子也不例外。作爲父母，我們應眞正做到寬嚴有度，切勿走向極端。只有這樣，才能收到事半功倍的效果，確保自己孩子的身心健康成長。

當今少子化社會，就有不少父母「望子成龍，望女成鳳」心切，過分嚴格要求自己的子女。子女們剛到達學齡期，便著手爲他們設計一條不切合實際的成才之路。除了到學校讀書，還讓子女參加各種培訓班，無論子女是否愛好，是否有那個天分，看到別人的孩子學了，就想著自己的孩子也不能落伍。於是將孩子的時間嚴格規定在父母設定的框架裏。然而，趕鴨子上架不行，強摘的瓜不甜，世上沒有兩頭甜的甘蔗。這麼做只是扼殺孩子的天份，使其缺少自主時間培養獨立的思考能力和創新能力。這種模仿式、塡

鴨式的學習，到了一定程度，既有可能學了後面，忘記了前面，又有可能扭曲孩子天真活潑的性格，致使其失去靈活性，造成處事呆板、生搬硬套。我們更應該明白「欲速則不達」，你越是心切，孩子越是不能滿足你的要求。

有一些父母則嚴得過度，動輒打罵，手段粗暴。有這樣一對夫婦，一旦孩子不聽話，他便不分青紅皀白，不是給幾個巴掌，就是以竹條抽打，或是罵個不休，甚至是半夜三更，將孩子打罵一番之後驅逐門外，任其啼哭，連一句開導的話都不講。打罵的教育方式傷害孩子的皮肉和自尊心，給孩子帶來反感，認爲父母總是跟自己過不去，剝奪孩子失去童眞的樂趣，看不到人生的價値，不能樹立正確的人生觀和世界觀。弓弦張得太緊也會斷，孩子在父母打罵的壓力下，離家出走或自尋短見的，仍有見於報端，値得社會高度關注。

不打罵孩子，並不代表你就可以放縱他們，或者讚美起來沒完沒了，不切實際。我們一定要懂得過度稱讚會對孩子產生不良的影響，有些孩子爲了得到父母的稱讚而表現良好，他們相信自己的價値便是爲了取悅他人。也有些表現不好的孩子，內心是沮喪的，因爲他們根本沒有機會得到稱讚，甚至認爲自己永遠無法達到父母的期望而貶低自己。久而久之便對自己失去信心，而不再努力。做父母的最大目標就是幫助孩子肯定自

己，學習自己做判斷，肯定自我的價值，而這價值是因爲自己的努力和能力。

當然，對孩子要求太寬，甚至是溺愛有加，也不利於培養孩子。有一對夫妻結婚晚，得子晚，婚後五年才產育第一個小寶寶。因此，從孩子呱呱來到人間，便百般呵護著；孩子牙牙學語之後，對他更是百依百順，嬌生慣養。一旦出現不合意之處，兒子便「大動干戈」。入幼稚園讀書後，還要父母給他當牛馬騎。

有一天，爸爸十分生氣地對兒子說：「你已懂事了，怎麼還要你爸爸給你當牛做馬呢？」媽媽聽了，縱容兒子說：「孩子年幼，不大懂事，長大就不會這樣。」爸爸只好當牛馬給兒子騎著。正所謂「一朝寵愛，就爬上頭頂拉屎」，果真兒子在爸爸的背上拉起屎尿來了，弄得他滿身臭味。

自那次之後，他們夫妻修正了教育態度，關愛兒子，但不遷就嬌慣。做得好，做得對，就給予表揚和鼓勵，有不對或做錯的就動之以情，曉之以理，絕不姑息遷就。經過一段時間，兒子終於能分辨日常生活的是非，不再嬌慣了。夫妻倆也懂得了教育孩子的方法。

漫漫人生路，緊要處也只有那麼幾步，尤其是當人年幼、年輕的時候。未成年的孩子，特別是年幼的孩子天真無邪，不能分辨什麼是對的，什麼是不對的，只有在父母師

長的精心輔導下，才能學習到知識和做人的道理。因此，教育孩子必須講究方法，根據實際，因人施教，重於說理。絕不能操之過急，更不能用打罵的方式嚴加管教。但也不能過於溺愛，應該讓孩子在寬嚴適中、井然有序的環境中，培養學習興趣，激勵自主創新意識，並養成良好的道德行爲規範。

有的父母在教育孩子時，走向了另一個極端，他們認爲「嚴師出高徒」，因此處處以高標準來要求自己的孩子。一旦孩子不能達到自己定下的要求，便以各種手段批評、指責孩子，從來不曾給孩子好臉色看，言語更是非常之嚴厲。他們以爲只有這樣，才能在孩子面前樹立威信，讓孩子變得「聽話」。但是就實際效果來看，他們的做法只能暫時讓孩子不敢吭聲，卻使孩子的情感和心靈長期受到摧殘，變得冷漠、自卑和缺乏自尊心。父母的「嚴」會導致孩子走向極端。我們也贊成對孩子要嚴格要求，但我們所說的嚴格要求是根據孩子的特性和年齡特質，以取得良好教育效果爲前提。我們講究的是對孩子的嚴格不能太「出格」，要做到「嚴而不厲」，做到眞正的有度。

關心愛護和嚴格要求，對於培養孩子的良好品德和習慣而言，是一體兩面。

對此，父母必須遵循以下幾點：

首先，父母提出的要求要合情合理，必須是符合孩子實際情況又有利於孩子身心健康的。要求四歲的孩子跟在父母身後走力所能及的路是可能的，但要求孩子與父母走得一樣快一樣遠就不合理了。

其次，父母提出的要求必須是適當的，是孩子經過努力可以做到的。因爲父母的要求過高，孩子即使努力也無法達到，會使孩子喪失信心。

再次，對孩子的要求必須明確具體。讓孩子明白應該做什麼，怎麼做，不能模棱兩可，讓孩子無所適從。

最後一點是，父母對孩子的要求一經提出，就要督促孩子認眞做到，不能說了不算數，或者做不做都行，否則就起不到教育效果。

61．批評要點到為止

批評就像一盞明燈，它能讓迷途的羔羊找回陽光大道。批評更像一把雙刃劍，能塑造人才，也能毀滅人才。

當你舉起批評之劍時，別忘了它是一門藝術，而你就是一名藝術家。

批評是教育孩子的一種手段，恰當好處的批評，能夠有效地糾正孩子的不良行爲和缺點，但如果掌握不好尺度，則會使孩子失去自尊，自暴自棄。所以說，苦口良藥學問深，身爲父母更應抓住時機，採取適當的批評方法，才能藥到病除，收到良好的效果。

「超限效應」在我們的家庭教育中時有發生：當孩子不用心或學習成績不理想時，父母常常爲此嘮嘮叨叨，對其反覆地「苦口婆心」，使孩子的心理在「內疚——不安——煩躁——反感——反抗」的軌跡上前行，從而出現強烈的超限反應。

還有一些父母經常對孩子進行空洞的說教，殊不知孩子已經「超」熟悉這些「名言警句」，即使父母的話「句句是道理」，但你一開口他就會出現本能的反感。父母愛之心切，責之心苛，在短時間內集中「火力」打「殲滅戰」，孩子幼嫩的心靈難以承受，本能的自我保護心理反應便油然而生。這種不顧孩子心理發展特點和情感需要的粗暴做法，其教育效果常常適得其反。孩子畢竟不是沒有情感的知識容器，這也是廣大青少年在受到父母不恰當批評時出言頂撞的原因所在。

由此可見，對孩子的批評要「點到為止」，切不可窮追猛打，唯其如是，才能使成長中的兒女把父母視作自己信得過的良師益友，接受其教育，使自己的心理健康發展。

「點到為止」也可以說是具有暗示性。暗示性的批評是指父母用語言、神態、人格等為暗示手段的一種批評方式，主要適用於心細、敏感、自尊心強、能知錯就改的孩子。當孩子自我認識能力逐步提升，父母只要讓其知錯就行了。如果對孩子的錯誤嘮嘮叨叨，或者貶低孩子的自我認識，孩子會心生抗拒，結果事與願違，大大削弱了教育的效果。特別在孩子犯一些小錯誤時，更要「不過七分，含蓄養人之愧」。例如，孩子正在做不應該做的事，只需一個眼神、一個動作的暗示就足夠了。

一名學生向老師報告說：「我的《格林童話全集》不見了！」還告訴老師說：「我的書後有一個『王』字。」老師問明了情況後，讓這名同學不要張揚，老師幫他找一找。這位老師來到孩子們面前說：「前兩天我讓每一位同學都買一本《格林童話全集》，現在請同學們把自己的書拿出來，老師檢查一下。」檢查中，教師發現一名女生

的書後面寫了一個「玉」字，而且顯然是在原來的「王」字上改的。他當時遲疑了一下，這名女生頓時滿面通紅。但這位老師並沒有表現出什麼，仍繼續檢查其他孩子。老師瞭解這名女生平時品德很好，但家境貧寒，母親抱病臥床，於是自己花錢買了一本書，並在後面精心寫了一個「王」字。然後，當著全班同學宣佈說，某某同學的書找到了，是其他班同學撿到的……

很多年以後，這位教師收到一封信，裏面夾著書錢。信裏，這名同學向老師承認錯誤，並衷心感謝老師對她的愛護。現在這名同學上了師範學院，她準備像這位老師一樣當一名優秀的教師。

多麼眞實而感人的故事啊！故事中的這位老師雖然沒有對那位拿了別人書的女生說一個字，但是他的教育行爲已經完成了，很明顯，老師的舉動對這孩子產生了終生難忘的積極影響。這是一種飽含著濃濃人情味的教育，是很高境界的教育。教師從孩子「滿面通紅」的表情中知道她已經知錯了，還瞭解到這孩子的平時表現以及她的家庭情況，做到了「知其心」。出於保護孩子的用心，他點到爲止、適可而止，達到了「救其失」的目的。一日爲師，終身爲父。老師尙且做到這一點，相信天下父母更能做到。

62．批評也講究藝術

讓孩子體驗成功，並不只是一味地給予鼓勵與讚美。讓孩子體驗成功並不表示不可批評，只不過做父母的應該學會正確地批評孩子。

如何糾正孩子的毛病，讓孩子既能清醒地認識到自己的錯誤，又能心服口服地改正，這就需要我們在批評孩子時講究一定的藝術。

首先，批評孩子與尊重孩子並不矛盾，批評時一定要注意尊重孩子。有一部分父母批評孩子時態度粗暴、言語尖刻，傷害了孩子的自尊。真正有效的批評是要讓孩子感覺到其中的慈愛之心，使他不至於對批評心生反彈，真正理解自己的錯誤。

其次，注意批評的地點及其場合。人人都愛面子，如果在公共場所，當著同儕的面受到責罰、辱罵，就容易形成對立情緒，即使他知道錯了，也會強詞奪理。所以，在公共場合批評孩子要講究技巧，注意給孩子「下臺階」，讓他把激動的情緒平息一下，或換個時間和地點再教育。

然後，還要多看孩子的優點與長處。有人看孩子，「橫挑鼻子豎挑眼」，簡直是挑

剔至極。即使孩子犯了錯誤，批評時也要兩面兼顧，既看到缺點，又看到優點。父母必須善於挖掘孩子潛在優點，批評前多做調查分析，以便分清是非，以理服人。

最後，批評一定要點到爲止，切忌翻舊賬。孩子對父母的批評，最怕的就是嘮嘮叨叨、沒完沒了，把孩子多少年以前的老賬反反覆覆絮叨沒完。昨天已經認了錯，今天又要翻舊賬，使孩子不知何日能挺胸抬頭做人。最有效的批評應該言簡意明，點到爲止，對於這樣的批評，孩子會牢記終身。

對於自尊心和獨立性較強的孩子，父母尤其要選擇批評的最佳時機和場合。一般來說，任何孩子被批評的時候，都不希望有其他人在，特別是異性在場。因此，批評孩子應選擇沒有第三者在場的時候。對於那些一時不能正確認識自己的錯誤、比較固執的孩子，可以藉助其他言論的旁敲側擊，使其及時認識並改正自己的錯誤。還有，批評要及時，不能延誤時機，對可能產生嚴重後果的問題應迅速做出反應；一般問題只需要點到即可，讓孩子明白錯誤和危害就罷手，不宜過於尖銳刻薄，窮追猛打，遇到孩子不聽話，父母只需一個眼神、一個動作的含蓄暗示就足夠了。

批評孩子之前必須查清事實，不可單憑主觀臆斷，譬如說：「這件事一定是你幹的，除了你沒別人。」這種沒有根據的判斷，有時會錯怪孩子，當然會引起孩子的不滿和對抗。因此，父母在批評孩子時，一定要先查清事實。

還有的父母一批評孩子就把孩子所有的毛病都抖出來，數落個底朝天。這種「翻箱倒櫃」式的批評必然會讓孩子心生反彈。正確的做法是在批評孩子某一方面的錯誤時，千萬不要牽扯到孩子的其他缺點，一定要就事論事。

批評只能對事不能對人。有些父母在批評孩子時，眞可謂人、事不分，常常是連諷刺帶挖苦，甚至訓斥謾罵。這種侮辱人格式的批評必然會招致孩子的不滿。正確的做法是把人與事分開，只對事不對人，使孩子懂得父母否定的是自己的不良行爲，而不是本人。做到這一點，孩子才會心悅誠服地接受你所說的話。

切忌當著外人的面批評孩子。有的父母批評孩子不管有無外人在場，張口就來。孩子也是人，也有他的自尊，年齡越大，自尊心也越強。如果當著外人的面批評孩子，孩子會覺得情面上過不去，爲了維護自尊，常常不認錯，甚至公然與父母對抗，造成難以收拾的局面。因此批評孩子最好私下進行。

此外，有情緒時不能批評孩子。父母在工作和生活中總會遇到不順心，難免會有心情不好的時候，此時批評孩子容易說過頭，做過頭。因此父母心情不好時請勿批評孩子。

這就是批評的藝術所在，眞正懂得這些，身體力行地做到以上條件，相信你就是孩子最好的老師。

63．正確對待孩子的要求

天下做父母的，面對孩子的一連串要求，千萬不要「百依百順」。如果孩子的要求是合理的，做父母的就要大力支持與鼓勵。對待孩子提出不合理或過分的要求時，父母絕不能毫無原則地遷就，應表示堅決不允，並讓孩子知道什麼可以做，什麼不可以做，什麼必須做。父母絕不能因爲孩子的哭鬧而放棄對孩子的嚴格要求。要知道，如果孩子的企圖第一次得逞，以後就會習以爲常，由著性子來。偉大的思想家培根有一句意味深長的話：「你知道用什麼方法一定可以使你的孩子成爲不幸的人嗎?這個方法就是對孩子百依百順。」因此面對孩子不合理的要求，父母絕不能有一點讓步。

除此之外，父母教育孩子的態度要一致，而且同家中其他大人的意見也要統一，防止孩子有「漏洞」可鑽，否則父母的正確意見就會難以付諸實施。例如，當孩子任性時，往往是父親動手打孩子，母親忙著護孩子，外婆出來拉孩子，甚至相互埋怨、指責、爭吵，這就更助長了孩子的任性。所以，父母教育孩子的標準千萬不要分歧。即使

有分歧，也不要在孩子面前暴露出來。

晚飯前，孩子忽然走到媽媽跟前，說要吃洋芋片。媽媽不假思索地說：「不行，馬上就要吃晚飯了，吃了洋芋片，晚飯還吃得下去嗎？」可是孩子不聽，纏著媽媽說：「我要吃嘛，我餓了，就是要吃！」吵得媽媽沒辦法，就說：「煩死人了，好，好，別吵了，給你吃。」於是孩子心滿意足地吃了起來。

類似的事父母經常會碰到。究竟該如何正確對待孩子的要求？

對於孩子合理的要求當然應大力支持，並盡可能予以滿足。而如果由於某種原因暫時做不到，也要向孩子說清楚，首先要肯定他們的要求，然後說明目前爲什麼還做不到，並且告訴他們如何才能實現。孩子堅持要「吃東西」、「玩玩具」、「再玩一會兒」時，父母應理性地思考一下，孩子這樣的要求是否合理？如果不合理，應把原因解釋給孩子聽，孩子會因爲瞭解原因進而放棄原先的堅持。

父母對孩子的要求要理智分析，以家庭的實際經濟狀況和有利於孩子的身心健康爲前提，不能百依百順。

「不，不，我就不吃飯，不買那個布娃娃我就不吃！」爸爸媽媽已經哄勸嬌嬌多時，嬌嬌仍是這麼執拗地堅持著。嬌嬌常常用「絕食」的方式向爸爸媽媽要東西，她的

「拗」勁上來，想幹什麼就得幹什麼。她提出的要求，你非得滿足不可，否則又哭又叫，甚至滿地打滾，叫你氣炸了肺，她仍是我行我素。

像嬌嬌這樣任性的孩子，眞可謂數見不鮮，這些孩子的任性大多是由於父母對其百依百順的溺愛造成的。父母無原則地遷就孩子，久而久之，就形成了孩子的自我中心——我想要什麼、做什麼，你們就要答應我，所以孩子在家裏成了頤指氣使的「小祖宗」，稍不順心，就發脾氣、哭鬧、摔東西，甚至不吃飯。這時做父母的往往心軟，不得不滿足孩子的要求，如此反覆多次，贏家每次都是孩子，學會了用任性來要脅父母，滿足自己種種不合理要求。

任性的孩子爲所欲爲，完全沒有自我控制能力，不能忍受外來的任何約束，生活中他們常會碰釘子、遭遇挫折。嬌嬌不喜歡上幼稚園，在幼稚園她想獨佔玩具，小朋友們可不答應，嬌嬌氣得哭鬧、撒野都無濟於事，小朋友們才不會順著她呢！嬌嬌越來越不合群，喜歡獨處，她時而憂鬱，時而狂躁，總愛發火。任性只會給孩子的身心健康帶來不良影響。

想改變孩子的任性，要講究一定的策略，並採取一些措施。當孩子任性時，可以採取冷處理的態度，暫時不理她，孩子哭鬧久了自感沒趣，自然會收場。等她冷靜下來，再給她講道理，孩子這時容易接受。不要在孩子撒野時，採取高壓手段，壓而不服，孩子就會與你疏遠，甚至反抗。

如果是在公共場所，比如說在商店，孩子想要什麼不給他買時，他坐地耍賴、打滾哭鬧，往往會令父母尷尬。這時你千萬別心軟，應該立刻把孩子帶離現場，並且告訴他必須克制自己，不許任性，否則就帶他回家。如果孩子眞的不聽話，還是任性折騰的話，那就帶他回家。讓孩子感到任性這種行爲並不能讓他得到他想要的，別想用任性來控制別人。

不能總是堵塞孩子的任性，積極的措施應當是儘量減少孩子任性的機會。比如，不要給孩子買太多的零食，孩子愛吃的東西不要放在他容易見到、拿到的地方，以免孩子時刻去動、去拿而發生衝突。

最重要的一點，是要敢於拒絕孩子，千萬不能對他有求必應。有些父母不忍心說「不」，生怕失去孩子的愛。其實，對孩子眞正的愛，並不體現在給其一時的快樂和嬌寵，而是體現在是否能給孩子終身受用的知識、立足社會的本領和良好的個性。要知道，假如你今天不去拒絕孩子的不合理要求，明天就會有更多的人拒絕他。

如果你的孩子在得到好表現後向你提出物質要求，你千萬不能發火，以免使孩子心

生反彈，你應該耐心地給他們講道理。假如孩子改變不了態度，父母應該堅持立場，絕不遷就。待孩子稍冷靜後，再找他談心，鼓勵他爭取更大的進步，實現自己的價值。

父母平時如果寵愛孩子，百般遷就，時時滿足孩子物質要求，一旦稍有不如意，孩子肯定會產生失落感。爲此，父母要讓孩子有個心理適應過程，多從精神上表揚、鼓勵，讓孩子感受愉悅，淡化「一有表現就提要求」的觀念。久之，精神上的需要就代替了物質上的需要，孩子便容易改掉缺點。

而當孩子向你提出一些不合理的要求時，比如他自己有能力完成的份內工作，卻要父母代勞。此時，父母就應該嚴詞拒絕，絕不妥協，讓孩子知道他必須負起應負的責任。當孩子知道父母是堅定的、沒有迴旋餘地時，就會有所收斂。如果確實有困難，父母應該耐心地幫助和引導他，慢慢樹立孩子的自立精神與自信心。從小讓孩子參加力所能及的勞動，鍛煉孩子獨立自主的能力。

父母想要做孩子最好的老師，就不要讓自己的愛演變成孩子的放肆任性、得寸進尺。合理地說「不」，適時適地拒絕他們不合理的要求，讓他們做懂事的孩子。

64・「嚴」不代表讓孩子怕你

不少父母認爲，對孩子要給予「好心」而不能給予「好臉色」，孩子只有害怕父母，才能教育得好。有的認爲「嚴」就是不聽話便打罵，其實這些認知都是不對的。實行體罰只不過是父母缺乏理智和束手無策的表現，對當今的孩子採取這種辦法是難以奏效的。如果孩子對父母敬而遠之，或既不尊敬又不接近，不願與父母交談，就很難取得好的教育效果。

信奉「棍棒主義」的父母，誤認爲只有懲罰才能教育好孩子。殊不知父親如果打女兒，會造成女兒缺乏自尊、自愛和自信，在青春期容易尋求愛情的滿足；父親經常打兒子，會造成兒子的叛逆，不願服從社會規範，或者退縮、幼稚，缺少男子氣；母親經常打兒子，會造成兒子缺乏自信心、挫折感、多疑、沒有安全感等。也就是說，打孩子不僅不能解決問題，還會造成新的心理問題。

濫用體罰都會在不同程度上給孩子帶來負面影響。

首先，濫用體罰會喪失懲戒的效果。體罰是最嚴厲的懲罰手段，如果濫用，父母動

輒就是幾板子或幾巴掌，打孩子打慣了，習以爲常了，孩子對打也就沒有了懼怕。

濫用體罰不能眞正讓孩子明辨是非。國外專家分析了自一九三八年以來體罰孩子的衆多後果，追蹤分析了打屁股對孩子的短期和長期影響，結果發現打孩子屁股，你可以讓孩子暫時聽話，但問題是孩子心裏並不清楚什麼是對、什麼是錯。

濫用體罰還會使孩子學習錯誤的解決問題方式。打孩子絕對不是什麼好的教育方法，只會壓抑孩子的個性，尤其是給孩子造成一種錯覺——弱者要服從於強者，暴力可以解決問題，這是很糟糕的。孩子往往會從父母那裏學會「以暴制暴」，學會了「打人經驗」，染上暴力行爲。童年經常挨板子的人們更容易滋生侵略性、反社會行爲，更容易虐待配偶和孩子。

孩子是絕對打不得的。美國威斯康辛大學的專家研究發現，兒童從小遭到打罵，這種感情創傷會持續一生，對其成長十分不利。受到打罵和虐待的孩子，在與人來往的過程中，在感受他人的情感時會產生誤差，他們過於敏感，把別人的玩笑當眞，影響其將來的社交和人際關係。

在如今的社會中，信奉「沒有不好的孩子，只有不合格的父母」理念的人應該不在少數，持這種觀念的人肯定會反對打孩子，甚至認爲打孩子是愚蠢的，是父母自己無能

的表現。父母要對孩子出手前，請先確認以下幾點。

1．孩子犯錯，是因爲父母事先沒有告訴孩子不能這樣做，或者父母沒有把話講清楚。

2．孩子所犯的錯誤，父母同樣也在犯。爸爸媽媽自己都不知道應該怎麼做，沒有很好地以身作則時，不要急著去打孩子。等自己改正了這方面的錯誤，清楚知道該怎麼做時，再去要求孩子吧。

3．父母在暴怒之下不能打孩子。因爲這時打孩子往往只是發洩自己的憤怒，懲罰時往往會失去分寸，忽視孩子犯錯的原因，也很難給孩子講清楚爲什麼要打他，很容易失手打傷孩子。應等自己的怒氣平息了，頭腦清醒了，再實施懲罰。

4．孩子生理與心理具有以下特殊情況者不能打：行爲亢奮、精神障礙的孩子、十分敏感的孩子、曾受過情感傷害的孩子。

其實，有的父母打孩子完全是出於自己的虛榮心。例如，孩子當著衆人的面讓父母受窘，心裏又氣又急又沒面子，回家就要打孩子出氣。

還有的父母打孩子是因爲自己的無能爲力。當發現孩子有這樣那樣的缺點，而自己又不知如何是好時，最簡單的方法就是打了，這對九歲以下的小孩暫時有些效果，但最終還是不能解決問題。如果孩子已經超過九歲，那麼打得再狠也絲毫起不了作用，甚至會適得其反。

當然，有的父母是由於生活不順心，情緒失衡，容易被激惱，拿孩子發火。例如，有的夫妻吵架時就打孩子。

還有的父母自己從小挨打，習慣了粗暴的教育方法，雖然自己小時候痛恨父母打自己，但是對自己的孩子卻很自然地舉起巴掌，壞習慣也是會「遺傳」的。殊不知父母打孩子是絕望而歇斯底里的表現，會把自己最氣憤、最薄弱的環節暴露給孩子，孩子就知道了怎樣能使父母暴怒，那麼在他想氣父母的時候，他就會如此做。所以，不輕易憤怒的父母才是最有威嚴的父母，因爲孩子不能摸到父母的底呀！

講了這麼多，或許很多父母都會問，孩子實在不聽話，不打又能怎麼辦？

其實這個問題是很容易解決的，只要記得一點——「嚴」並不是讓孩子怕你，不同的階段、不同的問題要採用不同的方法。例如置之不理、隔離、取消獎勵、正面強化等方法，某些行爲問題，如學習成績退步、上課注意力不集中、寫作業拖拉、粗心大意、膽小愛哭、打人惹事等，需要對孩子進行專業心理輔導來解決，而不是打。只要心存「嚴」並不是讓孩子怕你的正確認知，相信你和孩子之間的溝通定會暢通無阻。

65・訂立目標要切合實際

做父母的都要明白，孩子的進步是一個循序漸進的過程；也就是說，父母給孩子訂立的目標也應具有漸進性。父母爲孩子樹立標竿應該由低到高、由易到難，切不可一下子就把「標竿」豎得高高的。如果目標過高，那麼它非但起不了應有的激勵作用，還很容易傷害孩子的自尊心和自信心。父母給孩子設立的目標，應該是孩子經過努力奮鬥、頑強拼搏之後能夠實現的目標。

「量力而行」是父母給孩子制定發展目標的一條最重要原則，因爲只有這樣才能使孩子更容易體驗到成功感。而父母往往容易忽視這一點，一味的用自己的眼光去評價孩子的表現。給孩子提過高的要求，不考慮其接受和承受能力，強迫學這學那，使孩子整天處在「高壓」狀態下，引發厭煩情緒，最終很可能失去追求知識的興趣。

要想避免這一錯誤，就要學會換位思考，站在孩子的發展水準上去制定一個切合實際的發展目標。美國一家幼稚園爲父母舉辦了一次很特殊的活動，他們把一些日常家庭用品按照相對於孩子的比例「放大」製作，然後讓父母使用。這樣一來，父母才知道在

大人眼中一些很簡單的事情，孩子們竟然要付出多麼大的努力。

除此，父母還應該懂得，屈從於外部標準的成功不是眞正的成功。成功與否，更多的是一種內心感受，不應過度看重別人怎麼品評。一個孩子能樂觀開朗、身心健康地成長起來，這就是最大的成功；如果以犧牲孩子內心的幸福感受，獲得所謂的成功，這只是終將失敗的暫時成功。

父母應該將自己爲孩子訂的高目標化爲低要求。因爲目標訂得太高，孩子容易放棄；目標要剛剛好，讓孩子跳一跳，搆得著。

林林小時候打算盤，從一加到一百，是全班最慢的。她回來對爸爸說：「爸爸，我不想打算盤了。」爸爸馬上將林林的高目標化爲低要求，將要實現的高目標分解爲多項低要求的小目標。他把從一加到一百的每十位答案寫在牆上，林林每打對十位，全家人都爲她鼓掌歡呼，十層全打完，自信心找到了。林林打完十次，全家人圍著她歡呼十次，自卑，恐懼一掃而空。本來害怕打算盤的林林，第二天就對爸爸說：「爸，我就喜歡在你面前打算盤。」因爲爸爸對林林的要求降低了，所以林森每次都是從成功走向成功，她在爸爸那裏找到了安全感。不到一個月，林林打算盤全班第一名。

很多孩子沒有自信、成績不好的根本原因，是父母「高標準，高要求」的結果。目

標訂得太高，要求太嚴，破壞孩子學習的興趣，孩子容易放棄。

有一些父母不瞭解學習的邏輯規律，只從主觀願望出發，急於求成，致使孩子難以接受，產生厭倦情緒。對此，父母一味埋怨孩子不理解父母苦心，甚至打罵孩子，這樣做的結果就像拔苗助長一樣，不但不奏效，往往事與願違。

其實我們只要從孩子的實際能力出發，循序漸進地啓發他們，就能達到教育的目的。還沒有發展成熟的孩子，在生理與心理上都與成人有著很大的差別，不能用成人的思維方法和標準對待和要求他們。所以父母一定要守住一個原則——訂立目標要切合實際。

66．溝通也要選好環境

維護自尊是每個正常人的基本需要，任何人受到批評的時候，都會產生自我保護的本能。即使大人的態度非常誠懇，只要有他人在場，哪怕批評的方式很溫和，也會讓孩子感到傷面子。因此，與孩子溝通時，應該選擇沒有第三者的場合進行，特別是已上中學的孩子，他們的自尊表現強烈，在異性面前更爲敏感。所以，老師或者父母在與孩子溝通時要注意場合。要盡可能地避免彼此間不必要的正面衝突，減少緊張對立的情緒，這樣也可以使老師或父母不至於引發「肝火」，保持理智。

與孩子談話並非隨時隨地都可以進行，在孩子專心於學習或娛樂的時候，內心是不想受干擾的。因此要選擇好時機，創造良好溝通環境。比如，在比較空閒的時候、散步的時候，或是遇到麻煩問題，還是快樂時，孩子比較願意和父母溝通，也容易接受父母的暗示。

透過書信方式與孩子進行內心交流，也是好方法。當孩子犯了錯，父母往往怒髮衝冠，不能冷靜處理，對孩子或大加斥責，或絮絮叨叨，而孩子卻左耳進右耳出，往往起

不到教育作用。這時，採用書面交談，可以把自己平常不便說的話充分表達出來，把自己正確的觀點、看法寫到字裡行間。中國父母不善於表達情感，所以不妨在信中盡情地向孩子表達自己的切切之情，從情感上打動孩子。使孩子接受起來更容易、更自覺。另外，有些孩子性格內向靦腆，有些根本不習慣與父母交流，對於這樣的孩子，也可以透過書信來交流思想。

大自然也是孩子和父母進行溝通的美好環境。孩子在這裏總會找到無窮無盡的新鮮事物，他們會很自然地向父母提出各種古怪的問題，給父母與孩子的交流提供了可能契機。在大自然裏，孩子不僅僅是用「眼」，而是整個身心都接受著大自然的啓迪和教育，這時，父母如能善加引導、點撥，許多平時孩子不能理解、不能接受的道理便會自然地在孩子心中紮下根。在大自然裏，孩子與父母的心情都是愉快而和諧的，因而交流更加暢通無礙，情感也更加親密和諧。

帶孩子到大自然中，去樹林中散散步，在枝葉婆娑的大樹下躺一躺，觀賞美麗的鮮花，去登山遠足，或者去海邊看浪花拍打海岸。住在城市的家庭找這樣的地方會比較困難，但是假日的時候父母總可以帶孩子去農村、郊外，哪怕是公園，或者送他們去城外的夏令營。父母還可以在家裏種一些植物、花草或者餵養一些小動物，然後與孩子一同

照料它們。

十四歲的周盈是初二的學生，以前的學習成績一直名列前茅，可就在初二下學期的期末考試中，成績直線下降，掉到全班第二十五名。周盈悶悶不樂，整天把自己鎖在房間裏看書。父母想要問，又怕傷了孩子的自尊。眼看孩子一天天憔悴，父親想出了一個主意，全家人去海邊度假。

第一天，周盈還是憂鬱地坐在海邊；第二天，她開始跑來跑去撿貝殼，也下水游泳，眼睛裏漸漸有了光彩；第三天，她自由自在地歡笑玩耍，再也看不到前些天的沮喪了。這時，父親找了機會與孩子談心。

「盈盈，海大不大？」

「當然大。」

「大海有包容一切的心胸。我們日常生活中會遇到許多小煩惱、小挫折，可這些在大海面前算得了什麼？」

「爸，你不是在說我吧？」

「盈盈，爸爸媽媽知道妳這次考試沒考好心裏難受，我們不敢問妳，可心裏都很擔心，不是在意妳這一次的成績，而是怕妳因爲這次考試沒考好就喪失了自信……」

這一番話，要是在家裏講，效果不見得好，但因爲選擇了適合的環境，周盈聽起來也就格外入耳入心。

總之，父母都有一個共同的目標，就是與孩子好好溝通，理解孩子，因此，選擇好的溝通環境至關重要。處處爲孩子著想，盡可能尊重他的「自尊心」，畢竟他們還是個孩子，思想不成熟，容易衝動，這些都會影響我們與孩子溝通的效果。只要父母把其作爲溝通過程中的一個重要環節，相信你也是孩子最好的父母。

67．別讓孩子的任性得逞

父母經常會有這樣的煩惱：自己的孩子小小年紀就很任性，很難管教，讓做父母的很頭痛，不知該怎麼辦？

任性的主要表現爲固執、抗拒、不服從父母管教、不按照父母的要求去做等，或者表面上答應，內心卻不服，父母不在旁邊時，就由著自己的性子來。孩子聽不進父母的勸告，父母的要求和願望就很難實現，父母也會對孩子不滿，容易出現不理智的表現，有的還會採用打罵方式對孩子嚴加管教；有的則對孩子放任自流，或是向孩子妥協，天長日久更助長了孩子的任性行爲。

以下幾條建議可以協助父母正確對待孩子的任性行爲：

一、**保持沈默**。當你的孩子由於要求沒有得到滿足而發脾氣或打滾撒野時，父母不要去理睬他，不要在孩子面前表露出心疼、憐憫或遷就，更不能和他討價還價。可以暫時離開他。當無人理睬時，孩子自己會感到無趣而做出讓步。這種「冷處理」的方法往往能生效。

二、**聰明地轉移話題**。這種方法適用於年齡較小的孩子。父母可以利用孩子注意力易分散、易被新鮮事物吸引的心理特點，把孩子的注意力從他堅持的事情上轉移到其他新奇、有趣的事物上。

三、**先做約定**。用事先「約法三章」的辦法來預防孩子的任性發作。如孩子上街總是哭鬧著讓父母抱，可以在出門之前就與孩子說好：「今天上街不要媽媽抱，你自己走，實在累了，可以休息一會兒再走，不然就不帶你出去了。」

四、**激將法**。利用孩子的好勝心理，激發他們的自信心去克服任性。

五、**該懲罰時就一定不能手軟**。對於年齡小的孩子，只靠正面教育是不夠的，適當懲罰也是一種極爲有效的教育手段。如孩子任性不好好吃飯，父母不用多費唇舌，過了吃飯時間就把食物全部收走。不用擔心餓壞孩子，一頓兩頓不吃對孩子的生長發育不會有影響。

有的孩子原本都很乖順惹人愛，然而隨著年齡增長，他們越來越任性，這是爲什麼呢？孩子小時候，一些「任性」舉動在大人眼裏往往是可愛，大人一般會滿足孩子的「任性要求」。然而等到孩子長大了，大人的眼光也改變了，孩子的「任性」就變得礙眼，不過這個時候，孩子的個性已經基本形成，要想改掉，就要先從大人自身對孩子的觀念、行爲改變起。

孩子任性不受管教時，父母要堅持自己的態度，當孩子不聽，父母要表現出不高興和堅決的態度。孩子重新提出其他要求時，父母就要舊事重提，並讓孩子接受任性的懲罰，然後滿足孩子提出的其他合理要求。

如今多是獨生子女，使得父母傾注在孩子身上的時間大大增加，造成大多數孩子都任性的成長環境。

孩子從一出生開始，就是自我爲中心的。嬰兒不管父母是否方便，肚子餓了就哭，尿布濕了便叫。可是透過一次次的體驗，瞭解到自己的欲望未必全能得到滿足時，便產生了社會性，學會克制自己的任性。值得我們注意的是，現在的家庭大都用充足的時間去照顧孩子，溺愛心理較強，往往輕易滿足孩子的任何要求。這於是助長了孩子的任性心理。

因此，做父母的要想改掉孩子任性的壞毛病，一要學會拒絕：即滿足孩子的基本需求，但也要拒絕孩子的不合理要求；二要講究方法。不妨用精神轉移法、暫時迴避法、對比誘導法等方法巧妙地拒絕孩子。也可用「角色扮演」法，讓他去照顧比自己小的孩子，他會發現自己的任性行不通，不管他是否願意，都要按對方的要求去照顧他。而且碰到對方使性子，他就會感到任性給人的滋味了。有了這些感受以後，他的任性自然就會收斂。

而在父母拒絕孩子任性的同時，還應該注意一些問題。父母在拒絕孩子時一定要做

到前後一致。不能因為今天心情好，便縱容孩子一些；明天心情不好，便對孩子嚴格一些。這樣會讓孩子無所適從，也會影響到孩子的安全感。拒絕不是因為金錢缺乏、心情不好而採取的行動，它是一個讓孩子對周圍環境、對行為規則進行認識的教育機會。因此在對孩子說「不」的同時，父母還應該注意以下三點。

1．先自我反省，然後再對孩子說「不」

當父母急急忙忙拒絕孩子的要求時，當父母對孩子說「不」時，也請反省一下自己，看看自己有沒有以身作則。例如，帶著孩子出去用餐，父母自己高聲談笑，卻要求孩子安安靜靜地坐好，不要到處亂跑。這麼做，孩子會聽你的嗎？

2．對孩子的要求也要合情合理

例如，當孩子提出是否可以不練畫時，請先想一下你對孩子的要求是否已經超出他的承受範圍了。

3．是否尊重孩子

父母的尊重對孩子來說很重要，所以儘量不要當著許多人的面拒絕孩子。要給孩子留點面子。

不少家長面對自己任性的孩子，一籌莫展。孩子一會兒要這樣，一會兒要那樣，任

意提要求，稍不答應，立即又哭又鬧。好說歹說，孩子就是不聽話。打吧，心又狠不起來；罵吧，幾乎每天家中都鬧得硝煙四起，鄰居聽到了會看笑話。於是，不少家長只好忍氣吞聲，勉強維持家庭的運轉，心中自認運氣不好，沒有生到一個好孩子。

其實任性的孩子並不都是壞孩子，任性的孩子不少還是很聰明、很有上進心的，不少孩子雖然蔑視家長的權威，但比較能聽老師的話。家長要善於和老師溝通，讓老師因勢利導，逐步培養孩子健康的性格。但要注意，不要事無巨細，婆婆媽媽的什麼都去告訴老師，那樣反而會使孩子滋生更強烈的叛逆心理。家長要逐步注意培養孩子對長輩的尊重，做父母的說話不要太隨意。要對孩子說什麼，應想好再開口，估計一下，自己說的話孩子能否接受，如不能接受，就另換一種說法，以免形成僵局。

父母對孩子所提的要求應冷靜地想一想：哪些是合理要求，哪些是不合理的要求？凡是孩子的合理要求千萬不要拒絕，應立即想辦法滿足孩子。對那些不太合理的要求，要冷靜地跟孩子講清道理。但孩子不聽你講道理怎麼辦？可適當冷處理，不要和孩子唇槍舌劍地對著幹，可迴避一下，讓孩子有一個再思考的餘地。

任性的孩子其實不是時時事事都任性的。家長要善於在孩子不任性的時候充分肯定孩子的優點，讓孩子逐步能跟父母進行情感的正常溝通，理解父母的苦心，瞭解父母維

持生活的辛苦。父母對任性的孩子千萬不要失去希望，不要動不動就說刺人傷人的話。遇到某些不太順心的事，不要一下子就發飆，要多一些耐心多一些冷靜。

父母要想眞正做孩子最好的老師，就一定要學會對孩子說「不」，要學會拒絕孩子的一切放肆行爲。因爲放縱他的任性就是對他最大的傷害，也是做父母的失職。

68．溝通是要讓孩子更獨立

樹根只是一種材料，如果沒有經過人的精心雕琢，它也不可能成爲一件藝術品，充其量不過是「毛坯」。去掉身上的多餘，補充身上的不足，這不僅僅是雕塑家的藝術，也是傳道授業解惑者的藝術。身爲父母，你在爲孩子鋪灑生命底色時是否想過：教育不僅是一門科學，還是一門藝術？講究藝術，就會打出最美的底色。

既然是藝術就會有所講究，而依賴行爲就是其一。現在的家庭多數只有一個孩子，幾代人的愛護和關心都集中在一個孩子身上。所以在家裏，孩子就成了「小皇帝」，沒有家長一口一口地餵飯，孩子就不肯自己吃飯；沒有父母或爺爺奶奶陪著、拍著睡覺，孩子就鬧著不肯睡；就連和小朋友在一起玩耍也要求家裏大人陪。吃完飯不知道洗碗，上學忘了帶學習工具也要責怪家長沒有提醒他們，早晨起床根本想不到疊被子，甚至連刷牙，也要父母幫著把牙膏擠好才動手刷牙，學習上遇到一點困難問題，第一個想到的是問父母，要求父母幫助解決，而不是首先自己動動腦。如果孩子有了這些壞習慣，作爲父母就不能不思考孩子的依賴性是否已經成爲孩子的絆腳石。有了依賴習慣的孩子大

多缺乏責任心，遇到一點困難就想著讓父母去幫助他們完成，這種依賴父母的習慣對孩子的成長和將來非常不利。

依賴行爲的表現是要求別人給予過多的幫助。過分依賴的孩子表現出許多不成熟的跡象：膽小怕事、遇事退縮、沒有主見、總是要別人幫助、屈從他人、逆來順受、無反抗精神、進取心差、意志薄弱、害怕困難。面對種種困難，他們往往驚慌失措，經受不住挫折和失敗，人際交往能力差，孤僻、自我封閉。

造成孩子過分依賴的原因，就是父母太庇護、溺愛、嬌慣、縱容他們了。父母肯定都不希望這樣的事情發生，那麼我們該如何防止孩子出現過分依賴行爲呢？下面幾點值得留心。

1．父母不能過分地嬌縱、袒護孩子，因爲這樣會使他們失去獨立性，意志也變得薄弱，稍遇到困難，即不知所措。

2．父母要培養孩子從小體會成功的經驗。心理學研究證明，一個人成功的經驗越多，他的自我期望也就越高，自信心就越強。從小鼓勵孩子自己選擇，給予一定的自由度，並肯定孩子成熟的表現，促進和加深這一成熟的表現，培養獨立自主的能力。

3．父母要正確對待孩子的要求，不要對孩子的要求不管是否合理一概滿足。如果

孩子的要求是合理的，要及時做出支援友好的反應。如果孩子的要求不合理，要堅決說「不」，並說出理由，更不要替孩子做他自己能做的事情。

4．父母不能把孩子控制得太嚴。如果你給孩子訂過多的規矩，事事都過問，都管，嘮嘮叨叨，讓孩子不得不順從你，這樣也會使孩子變得過分依賴。

5．父母必須糾正孩子依賴行爲，在孩子表現過分依賴的時候，友好的以實事求是的態度幫助他改正，使他感到自己可以表現得更成熟。鼓勵他勇於行動，不怕失敗，戰勝怯懦心理。沒做好，不責備，反而多加鼓勵，給予更多鍛煉機會，使之走向成功，走向獨立。

6．父母在幫助孩子糾正過分依賴行爲時，可採取獎懲結合的辦法。嘉獎成熟行爲，糾正過分依賴行爲從減少次數開始，把依賴行爲具體表現逐條列出，按每天發生次數的減少進行獎勵，鼓勵獨立。

著名的教育家馬卡連柯一針見血地指出：「一切都讓給孩子，爲他犧牲，甚至犧牲自己的幸福，這就是父母所能送給孩子最可怕的禮物了。這種可怕的禮物，可以這樣來比方——如果您想害死自己的孩子，就給他飽服一劑足量的幸福，他就可以被害死。」

許多孩子每天早上的起床問題讓父母費了不少心思，一次又一次地叫孩子起床，可

是孩子總是賴在床上不起，一旦遲到了，反責怪父母沒有及時把他們從床上拉起來。面對這樣的情況。一位母親就對女兒說：「上學是妳自己的事，晚上睡覺前上好鬧鐘，早晨自己起床，沒有人再叫妳了，遲到了只能由妳自己負責。」當然，這位母親很瞭解女兒，她知道女兒辦得到。第二天，鬧鐘一響，女兒果然立即跳下床，做自己該做的事情。這位母親運用了小技巧，就能很輕鬆改變孩子的依賴心理，她的做法也值得其他父母借鑒。

凡事都靠父母包辦代替的孩子永遠長不大，身爲父母應該在平常生活中有意識地糾正孩子依賴父母的壞習慣。

明智的父母應當看到孩子終究是要成熟並走向社會，社會是不會縱容他的，那時孩子置身社會時會茫然不知所措。因此，爲了孩子能適應社會的要求，父母必須以理智的態度加以要求和訓練，只有這樣才是對孩子眞正的愛，使孩子受益終生。溝通是父母與孩子之間必不可少的一步，但是溝通最忌的就是放縱孩子。爲了讓孩子更健康成長，爲了做孩子最好的父母，讓我們共享所謂的育子之道吧：

如果你是高山，孩子就是小草，

如果你是傘，孩子就是傘下小雞；

但是，如果你是小草，孩子就能成爲大山，
如果你是小雞，孩子就能成爲傘，可以頂天立地。

國家圖書館出版品預行編目資料

這樣和孩子溝通最有效／王夢萍著
－－第一版－－ 台北市：知青頻道出版；
紅螞蟻圖書發行，2011.06
面　　公分－－
ISBN 978-986-6276-88-0(平裝)

1.親職教育 2.親子溝通 3.親子關係

528.2　　　　100010897

這樣和孩子溝通最有效

作　　者／王夢萍
校　　對／周英嬌、楊安妮、朱慧蒨
發 行 人／賴秀珍
榮譽總監／張錦基
總 編 輯／何南輝
出　　版／知青頻道出版有限公司
發　　行／紅螞蟻圖書有限公司
地　　址／台北市內湖區舊宗路二段121巷28號4F
網　　站／www.e-redant.com
郵撥帳號／1604621-1　紅螞蟻圖書有限公司
電　　話／(02)2795-3656（代表號）
傳　　眞／(02)2795-4100
登 記 證／局版北市業字第796號
港澳總經銷／和平圖書有限公司
地　　址／香港柴灣嘉業街12號百樂門大廈17F
電　　話／(852)2804-6687
法律顧問／許晏賓律師
印 刷 廠／鴻運彩色印刷有限公司
出版日期／2011年 6 月　第一版第一刷

定價 240 元　港幣 80 元

ISBN 978-986-6276-88-0　　**Printed in Taiwan**